Denis Diderot

O Sobrinho de Rameau

DENIS DIDEROT

O SOBRINHO DE RAMEAU

TEXTO INTEGRAL

Tradução
Antonio Geral da Silva

2ª Edição

www.escala.com.br

ISBN 85-7556-751-9

Av. Profª Ida Kolb, 551 – Casa Verde
CEP 02518-000 – São Paulo – SP
Tel.: +55 (11) 3855-2100 - Fax: +55 (11) 3857-9643
Caixa Postal: 16.381 - CEP 02599-970 – São Paulo – SP
Site: www.escala.com.br - E-mail: escala@escala.com.br

TÍTULO ORIGINAL FRANCÊS
LE NEVEU DE RAMEAU

Diretor Editorial: Sandro Aloísio
Direção de Arte: Cintia Karina dos Reis
Diagramação: Kleber Ribeiro de Sousa
Revisão: Maria Nazaré de Souza Lima Baracho
Denise Silva Rocha Costa
Capa: Kleber Ribeiro de Sousa
Colaborador: Luciano Oliveira Dias
Organização Editorial: Ciro Mioranza

ÍNDICE

Apresentação 9
Vida e Obras do Autor 11

O Sobrinho de Rameau 13

Apresentação

O Sobrinho de Rameau é um diálogo filosófico sobre a música e, por extensão, sobre a arte em geral. Diderot repropõe uma especulação filosófica em forma de diálogo, ressuscitando a maneira pela qual os antigos gregos deixavam seu legado filosófico. Esta pequena obra de Diderot se caracteriza também como uma sátira contra a sociedade burguesa da época, como uma crítica aos partidários da música tradicional francesa que não viam com bons olhos a invasão da música italiana. Além disso, Diderot declina os nomes de todos os seus desafetos e adversários no campo filosófico; ora revida os ataques, ora lança mão da ironia.

O título do livro se reporta ao grande músico francês Jean-Philippe Rameau, autor de tratados sobre teoria musical e compositor. Mas o diálogo de Diderot se desenrola com o sobrinho deste músico, um boêmio sem teto que vive de expedientes, mas que entende de música e arte. Os dois discutem diversos aspectos da arte musical, de modo particular ópera, ópera cômica ou bufa, balé e outras expressões artísticas. Divagam sobre a função da arte no mundo dos homens, sobre a relação arte e natureza, sobre técnica e artifício, sobre bom gosto e belo, sobre invenção e inspiração, sobre harmonia e desarmonia na música e na vida, enfim, sobre os limites possíveis entre o mundo natural e o mundo humano, os choques eventuais entre leis da natureza e leis civis, sobre o que a natureza oferece em dons e o que o homem faz.

O autor não se exime de analisar os problemas sociais da época, não diretamente, mas integrados com a discussão do belo e da arte.

A ordem natural se apresenta em toda a sua transparência e não pode ser vista nem como boa nem má, pois tem suas leis claras e estabelecidas desde sempre; a ordem social é que degrada a natural, que nela interfere de maneira mais ou menos boa, que a enleva ou a deprime. Nem tudo se resume na arte, seja musical seja de outra expressão, mas tudo se resume na vida, mesmo com todos os seus percalços. Por isso o autor termina este livro com o conhecido provérbio: "Ri melhor quem ri por último."

O tradutor

Vida e Obras do Autor

Denis Diderot nasceu na cidade francesa de Langres no dia 5 de outubro de 1713. Filho primogênito de família abastada, aos 10 anos foi matriculado no colégio dirigido pelos padres jesuítas da cidade natal por duas razões: para receber uma educação aprimorada e para seguir a carreira sacerdotal. Esta segunda razão era uma forte aspiração da família, mesmo porque havia vários clérigos entre a parentela.

Aos 13 anos, Denis Diderot já veste a batina e recebe a tonsura, primeiro passo para o sacerdócio.

Em 1728, porém, muda de ideia e segue para Paris, onde em 1732 recebe o diploma de Mestre em Artes pela Universidade de Paris. Abandona tudo e passa a viver uma vida boêmia durante dez anos.

Em 1741 conhece Antoinette Champion, filha de pequeno comerciante de roupas e em 1743 casa-se em segredo com ela. Sem recursos e sem o apoio da família, Diderot se vê obrigado a trabalhar para viver. Faz traduções de obras de autores ingleses.

Em 1745 recebe o convite de um editor para traduzir do inglês a *Enciclopédia das Ciências e das Artes* de Ephraim Chambers, publicada em Londres em 1727. Julgando-a desatualizada, o mesmo editor pede a Diderot que a refaça e a amplie. Assim surge a ideia da Enciclopédia francesa, sob a direção de Denis Diderot.

Este convida D'Alembert, Rousseau, Dumarsais, Mallet e muitos outros colaboradores que passam a ser denominados enciclopedistas.

Em 1751 é publicado o primeiro volume da Enciclopédia.

O projeto avança, apesar das muitas vicissitudes (recolhimento de volumes, proibição de publicação de novos), e Diderot consegue levar a termo a Enciclopédia com seus 36 volumes. Apesar do trabalho empenhativo que esta exigia, Diderot publicou à parte muitos textos filosóficos e literários, um dois quais lhe valeu a prisão.

Morreu em Paris no dia 31 de julho de 1784.

Principais Obras

A religiosa (1796)
As joias indiscretas (1748)
Carta sobre os cegos para aqueles que enxergam (1749)
Carta sobre os surdos e mudos para aqueles que ouvem e falam (1751)
Diálogo de um filósofo com a Marechala de *** (1776)
Ensaio sobre os reinados de Cláudio e de Nero (1782)
Jacques o fatalista (1796)
O filho natural (1757)
O pai de família (1758)
O pássaro branco, conto azul (1798)
O sobrinho de Rameau (1821)
O Sonho de D'Alembert (1769)
Paradoxo sobre o comediante (1796)
Pensamentos filosóficos (1746)

O Sobrinho de Rameau

O Sobrinho de Rameau

Vertumnis, quoquot sunt, natus iniquis[1]
(Horácio, *Satirae, II, 7*)

Faça bom ou mau tempo, tenho o hábito de ir passear, em torno das cinco horas da tarde, no Palais-Royal. Sou visto, sempre só, sonhando no banco (da alameda) de Argenson. Entretenho-me comigo mesmo sobre política, amor, gosto ou filosofia. Abandono meu espírito a toda a sua libertinagem. Deixo-o senhor de seguir a primeira ideia sábia ou louca que se apresenta, como se pode ver na alameda de Foy nossos jovens dissolutos seguir uma prostituta de ar estouvado, de fisionomia risonha, de olhos vivos, de nariz arrebitado, deixando esta por outra, assediando todas e não se prendendo a nenhuma.

Meus pensamentos são minhas meretrizes. Se faz muito frio ou se o tempo está chuvoso, refugio-me no café Régence; lá me divirto assistindo a partidas de xadrez. Paris é o lugar do mundo e o café Régence é o lugar de Paris onde melhor se pratica esse jogo. É na casa de Rey que pelejam Legal, o profundo, Philidor, o sutil, e o sólido Mayot; ali se observam as manobras mais surpreendentes e se ouvem as piores expressões, pois se se pode ser homem de

....
(1) *Nascido sob a influência de todos os Vertumnos, quaisquer que sejam.* Vertumno era o deus romano que presidia a mudança do tempo e das estações do ano. (Ressalta-se que todas as notas deste livro são do tradutor)

espírito e grande jogador de xadrez como Legal, pode-se também ser um grande jogador de xadrez e um tolo como Foubert e Mayot.

Uma noite, após o jantar, estava lá, olhando muito, falando pouco e ouvindo o menos possível, quando fui abordado por um dos mais bizarros personagens que Deus não deixou faltar neste país. É um misto de altivez e de baixeza, de bom senso e de desatino. Sem dúvida, as noções de honesto e de desonesto devem estar estranhamente embaralhadas em sua cabeça, pois mostra as boas qualidades que a natureza lhe deu sem ostentação e as más que dela recebeu, sem pudor.

De resto, é dotado de uma compleição forte, de um calor de imaginação singular e de um vigor dos pulmões incomum. Se o encontrarem um dia, que sua originalidade não os detenha: vocês taparão os ouvidos com os dedos ou fugirão. Deuses, que terríveis pulmões! Nada é mais diferente dele do que ele próprio. Algumas vezes está magro e macilento, como um doente prestes a morrer; poder-se-ia contar seus dentes através das bochechas. Dir-se-ia que passou muitos dias sem comer ou que mal saiu da Trapa. No mês seguinte, porém, está gordo e barrigudo, como se nunca tivesse deixado a mesa de um abastado ou como se tivesse permanecido encerrado num convento de Bernardinos.

Hoje, de roupa branca suja, calças rasgadas, coberto de farrapos, quase descalço, anda cabisbaixo, se esquiva, quase nos impelindo a chamá-lo para lhe dar uma esmola. Amanhã, perfumado, calçado, cabelo ajeitado, bem vestido, anda de cabeça erguida, se exibe e poderia ser tomado quase por um homem de bem. Ele vive seu dia a cada dia. Triste ou feliz, de acordo com as circunstâncias. Sua primeira preocupação pela manhã, ao levantar, é de saber onde irá almoçar; depois do almoço, onde irá jantar. A noite revela também sua inquietação.

Ou vai a pé até um pequeno sótão onde habita, a menos que a proprietária, cansada de esperar o pagamento do aluguel, já não lhe tenha pedido a devolução da chave; ou se dirige a uma taverna da periferia, onde espera o dia entre um pedaço de pão e um copo de cerveja. Quando não tem nenhum tostão no bolso, o que lhe acontece algumas vezes, recorre a um cocheiro de seus amigos ou ao cocheiro de um grande senhor que lhe arruma um leito sobre a palha, ao lado de seus cavalos. De manhã, mostra ainda restos de seu colchão nos cabelos. Se a estação é amena, passa a noite caminhando pelo Cours-la-Reine ou pelos Champs-Elysées.

Com o despontar do dia, reaparece na cidade, vestido da véspera para o dia seguinte e, algumas vezes, do dia seguinte para o resto da semana.

Não aprecio muito esses tipos originais. Outros se aproximam deles com familiaridade e se tornam até seus amigos. Quando os encontro, uma vez que outra, me detenho porque seu caráter é conflitante com aquele dos outros e porque rompem essa fastidiosa uniformidade introduzida por nossa educação, nossas convenções sociais e nossas conveniências usuais. Se um deles aparece num grupo, é um grão de levedo que fermenta e que restitui a cada um parte de sua individualidade natural.

Sacode, agita, faz aprovar ou censurar, faz surgir a verdade, revela as pessoas de bem, desmascara os malandros; é então que o homem de bom senso escuta e decifra seu mundo.

Eu conhecia esse indivíduo desde longa data. Ele frequentava uma casa cuja porta havia aberto com seu talento. Nela havia uma filha única. Ele jurava ao pai e à mãe que desposaria a filha deles. Estes davam de ombros, riam na cara dele, diziam-lhe que era louco e eu vi o momento em que a coisa aconteceu. Pedia-me emprestado alguns escudos que eu lhe dava. Não sei como, mas tinha conseguido introduzir-se em algumas casas honestas, onde tinha seu lugar à mesa, com a condição, porém, de não falar sem ter obtido permissão.

Ele se calava e engolia sua raiva. Era ótimo vê-lo nesse constrangimento. Se lhe vinha a vontade de romper o acordo e abrisse a boca, na primeira palavra todos os convivas gritavam: "Ó Rameau!" Então o furor faiscava em seus olhos e tornava a comer com mais raiva ainda. Vocês estavam curiosos para saber o nome do homem e já o sabem. É o sobrinho desse célebre músico[2] que nos livrou do cantochão de Lulli[3] que salmodiávamos há mais de cem anos; desse músico que escreveu tantas visões ininteligíveis e verdades apocalípticas sobre a teoria da música, das quais nem ele nem ninguém entendia coisa alguma.

Temos dele certo número de óperas, nas quais há harmonia, um pouco de canto, ideias desconexas, rumor, voos, triunfos, lanças, glórias, murmúrios, vitórias de tirar o fôlego, árias de dança que duram eternamente.

Esse músico, depois de ter enterrado o florentino, será enterrado pelos compositores italianos, o que ele pressentia e o deixava sombrio, triste, ranzinza, pois ninguém fica com tanto mau humor, nem mesmo uma bela mulher que desperta com uma espinha no nariz, do que um autor ameaçado de sobreviver à sua própria reputação.

Que o digam Marivaux e Crébillon, o filho[4].

Ele me aborda... – Ah, ah! Pois veja só, o senhor filósofo! E o que faz aqui no meio desse monte de desocupados? Será que você também perde seu tempo empurrando pauzinhos?

É assim que se chama, por desprezo, jogar xadrez ou damas.

Eu – Não, mas quando não tenho nada de melhor para fazer, me divirto olhando por instantes aqueles que jogam bem.

Ele – Neste caso, você se diverte raramente; excetuando Legal e Philidor, o resto não entende nada.

Eu – E o senhor Bissy então.

Ele – Esse, como jogador de xadrez, se parece com a senhorita Clairon como atriz. Desses jogos, ambos sabem tudo o que se pode aprender.

....

(2) Jean-Philippe Rameau (1683-1764), grande músico francês, diretor e compositor de óperas e autor de diversos tratados de teoria musical.

(3) Jean-Baptiste Lulli (1632-1687), compositor italiano naturalizado francês, foi nomeado por Luís XIV compositor da Casa real e encarregado dos balés da corte. Autor de óperas e de comédias-balés, tendo nestas a colaboração do escritor Molière. Dedicou-se também à composição de músicas religiosas, fato que leva Diderot a falar em cantochão (designativo usual do canto gregoriano da Igreja Católica, em uso no culto desde dos séculos VI-VII).

(4) Pierre Marivaux (1688-1763), autor de comédias, como também Crébillon; ambos são considerados por Diderot como autores já fora de moda.

Eu – És duro e vejo que só tens consideração para com os homens sublimes.

Ele – Sim, no xadrez, nas damas, na poesia, na eloquência, na música e em outras tolices como essas. Para que serve a mediocridade nesses gêneros?

Eu – Para pouca coisa, concordo. Mas é preciso que haja um grande número de homens dedicados a eles para fazer surgir um gênio. Há um na multidão. Mas deixemos isso de lado. Há uma eternidade que não te via.

Quase não penso em ti quando não te vejo. Mas sempre me agrada rever-te. Que tens feito?

Ele – O que você, eu e todos os outros fazem; o bem, o mal e nada. Depois tive fome e comi, quando a ocasião se apresentou; após ter comido, tive sede e algumas vezes bebi. Entrementes minha barba crescia e quando ficou comprida, mandei raspá-la.

Eu – Fizeste mal. É a única coisa que te falta para ser um sábio.

Ele – Parece que sim. Tenho a testa grande e enrugada, os olhos ardentes, o nariz saliente, as bochechas largas, as sobrancelhas negras e espessas, a boca bem rasgada, os lábios bem delineados e o rosto quadrado. Se este amplo queixo estivesse coberto por uma longa barba, sabe que isso ficaria muito bem em bronze e em mármore.

Eu – Ao lado de um César, de um Marco Aurélio, de um Sócrates.

Ele – Não, ficaria melhor entre Diógenes e Frineia. Sou atrevido como o primeiro e frequento de boa vontade a casa dos outros.

Eu – Estás sempre bem?

Ele – Sim, quase sempre, mas não maravilhosamente hoje.

Eu – Como? Estás aí com uma barriga de Silêncio e uma fisionomia...

Ele – Uma fisionomia que poderia ser tomada pela de seu antagonista. É que o humor que faz emagrecer meu querido tio engorda aparentemente seu caro sobrinho.

Eu – A propósito desse tio, chegas a vê-lo de vez em quando?

Ele – Sim, quando passa pela rua.
Eu – Mas ele não te ajuda em nada?
Ele – Se o faz para alguém, é sem suspeitar. É um filósofo à moda dele. Só pensa em si e o resto do mundo lhe é totalmente indiferente. Sua filha e sua mulher poderão morrer quando quiserem, contanto que os sinos da igreja paroquial, que serão tocados para elas, continuem a tocar a décima segunda e a décima sétima[5], e tudo estará bem. Isso o deixa feliz.

E é aquilo que prezo particularmente nos homens de gênio. São bons para uma só coisa. Fora isso, nada.

Não sabem o que é ser cidadãos, pais, mães, irmãos, parentes, amigos. Entre nós, é preciso assemelhar-se a eles em tudo, mas não desejar ser do mesmo tipo de farinha. São necessários homens, mas homens de gênio, jamais. Não, palavra de honra, não necessitamos deles. São eles que modificam a face do globo e nas pequenas coisas a tolice é tão usual e tão poderosa que não é reformada sem confusão. Parte do que imaginaram chega a ser realizada, parte permanece como estava; disso decorrem dois evangelhos, um traje de arlequim.

A sabedoria do monge Rabelais[6] é a verdadeira sabedoria, para seu repouso e para aquele dos outros: cumprir seu dever sofrivelmente, sempre falar bem do senhor prior e deixar o mundo correr ao sabor de seus caprichos.

E vai bem, pois a multidão está contente com ele. Se eu conhecesse história, lhe mostraria que o mal sempre apareceu por aqui por meio de algum homem de gênio.

Mas nada sei de história porque nada sei. Que o diabo me carregue, se alguma vez aprendi alguma coisa e se estou em pior situação, precisamente por não ter aprendido nada.

....

(5) Alusão irônica às notas de harmonização de um tom fundamental do sistema musical de Rameau, indicativa de que este compositor era um homem sistemático e inflexível.

(6) François Rabelais (1494-1553), padre, depois monge, médico, celebrizou-se pelos vários livros sobre as proezas e feitos de Pantagruel, nos quais mistura o grotesco e a farsa com o ideal filosófico, fazendo profissão de fé na ciência e na natureza.

Um dia estava à mesa de um ministro do rei da França[7], cujo espírito vale por quatro; pois bem, ele nos demonstrou, como um e um são dois, que nada era mais útil aos povos que a mentira, que nada era mais prejudicial que a verdade.

Não me lembro bem de suas provas, mas delas decorria evidentemente que as pessoas de gênio são detestáveis e que, se uma criança trouxesse na fronte ao nascer a característica desse perigoso presente da natureza, se deveria sufocá-la ou jogá-la num antro de vadios.

Eu – Entretanto, essas personagens, tão inimigas do gênio, todas elas têm certeza de possuí-lo.

Ele – Creio que, sem dúvida, pensam dessa forma em seu íntimo, mas não creio que ousem confessá-lo.

Eu – É por modéstia. Com isso concebeste um ódio terrível contra o gênio.

Ele – Para nunca voltar atrás.

Eu – Mas houve uma época em que estavas desesperado por não passar de um homem comum. Nunca serás feliz, se o pró e o contra te afligem igualmente. É preciso fazer uma opção e permanecer fiel a ela. Ao concordar plenamente contigo que os homens de gênio são usualmente singulares ou, como diz o provérbio, que não há grandes inteligências sem um grão de loucura, nem por isso se mudará de opinião.

Os séculos que não os produzirem serão desprezados. Serão a honra dos povos entre os quais tiverem existido; cedo ou tarde, estátuas lhes serão erguidas e serão considerados como benfeitores do gênero humano. Sem desagradar ao sublime ministro que mencionaste, creio que a mentira pode servir por um momento, mas a longo prazo é necessariamente prejudicial e que, ao contrário, a verdade serve necessariamente a longo prazo, embora possa ocorrer que prejudique no momento.

....
(7) O autor se refere a Etienne François Choiseul, ministro de 1758 a 1760, que, embora amigo dos enciclopedistas, não gostava dos escritores que se ocupavam de governo, religião e moral. Diderot o considerava um antiintelectual e a Choiseul é atribuída a afirmação de que "a ignorância faz a felicidade dos povos".

Por causa disso, eu me sentiria tentado a concluir que o homem de gênio que desacredita um erro geral ou que defende uma grande verdade é sempre um ser digno de nossa veneração.

Pode ocorrer que esse ser acabe sendo vítima do preconceito e das leis, mas há duas espécies de leis: umas, de uma equidade e de uma generalidade absolutas; outras, estranhas, que só devem sua sanção à cegueira ou à necessidade das circunstâncias. Estas só cobrem o culpado que as infringe de uma ignomínia passageira, ignomínia que o tempo faz recair em definitivo sobre os juízes e sobre as nações. Quem é o desonrado hoje, Sócrates ou o magistrado que o obrigou a beber a cicuta?

Ele – Grande coisa! Por isso deixou de ser condenado? Deixou de ser condenado à morte? Isso o impediu de ser um cidadão turbulento? Pelo desprezo de uma lei má deixou de encorajar os loucos ao desprezo das boas?

Deixou de ser um cidadão privado audacioso e bizarro? Há pouco você não estava longe de uma confissão pouco favorável aos homens de gênio.

Eu – Escuta, meu amigo. Uma sociedade não deveria ter leis más e, se tivesse somente boas, nunca estaria envolvida na perseguição de um homem de gênio. Não te disse que o gênio estivesse indivisivelmente ligado à maldade, nem a maldade ao gênio. Um tolo será com mais frequência um mau que um homem de espírito.

Mesmo que um homem de gênio fosse usualmente de convivência dura, difícil, espinhosa, insuportável, mesmo que fosse mau, que haverias de concluir disso?

Ele – Que seria o caso de afogá-lo.

Eu – Calma, meu amigo. Cá entre nós, não tomaria teu tio como exemplo. É um homem duro, brutal, sem sentimentos, avarento. É mau pai, mau esposo, mau tio, mas não é bastante claro que seja um homem de gênio, que tenha levado sua arte mais longe e que se discuta sua obra daqui a dez anos. Mas Racine? Este certamente tinha gênio e não passava por um homem muito bom. Mas que dizes de Voltaire?

Ele – Não me pressione, pois sou consequente.

Eu – Qual dos dois preferes? Aquele que fosse um bom homem, identificado com seu negócio, como Briasson, ou aquele identificado com sua medida, como Barbier[8], fazendo regularmente todos os anos um filho legítimo em sua mulher; bom marido, bom pai, bom tio, bom vizinho, comerciante honesto, mas nada mais que isso; ou que tivesse sido malandro, traidor, ambicioso, invejoso, mau, mas autor de *Andrômaca*, de *Britannicus*, de *Ifigênia*, de *Fedro*, de *Atália*[9].

Ele – Palavra de honra, para ele talvez, entre esses dois homens, tivesse sido melhor ser o primeiro.

Eu – Isso é mesmo infinitamente mais verdadeiro do que possas perceber.

Ele – Oh! Aí vêm vocês todos! Se dissermos algo de bom é porque somos uns loucos ou inspirados, por acaso. Só vocês é que realmente entendem. Sim, senhor filósofo, eu me entendo e me entendo tanto quanto vocês se entendem.

Eu – Vejamos! Pois bem, por que para ele?

Ele – Porque todas essas belas coisas que fez não lhe renderam vinte mil francos, mas se tivesse sido um bom mercador de seda na rua Saint-Denis ou Saint-Honoré, um bom vendedor por atacado, um boticário com boa freguesia, teria acumulado uma fortuna imensa e, ao conseguir isso, não teria sobrado tipo de prazer que não tivesse desfrutado.

De tempos em tempos teria dado uns trocados a um pobre diabo bufão como eu que o teria feito rir, que lhe teria arranjado ocasionalmente uma bela jovem para desentediá-lo da eterna coabitação com sua mulher.

Teríamos feito ótimas refeições na casa dele, teríamos sido parceiros em grandes jogos, teríamos degustado excelentes vinhos, ótimos licores, deliciosos cafés, teríamos feito belas caminhadas pelos campos. Vê que me sairia bem. Você ri, mas deixe-me dizer, teria sido melhor para sua vizinhança.

....

(8) Briasson era um dos editores dos livros de Diderot e de outros enciclopedistas; Barbier era um mercador de tecidos de seda, de ouro e prata. Diderot não apreciava muito o meio comercial, embora ele próprio fosse filho de um comerciante.

(9) Títulos de tragédias de Jean-Baptiste Racine (1639-1699).

Eu – Sem objeção, contanto que não tivesse empregado de forma desonesta a opulência que tivesse adquirido num comércio legítimo; que tivesse afastado de sua casa todos esses jogadores, todos esses parasitas, todos esses complacentes sem graça, todos esses vagabundos, todos esses perversos inúteis; e que tivesse feito seus balconistas cobrir de pancadas o homem que se presta, pelos mais diversos meios, a aliviar os maridos do tédio da coabitação cotidiana com suas mulheres.

Ele – Cobrir de pancadas, senhor, cobrir de pancadas! Não se dá pancada em ninguém numa cidade de bons costumes. Trata-se de um serviço honesto. Muita gente, mesmo titulada, se mete nisso.

E em que, pelos diabos, você quer que se empregue o dinheiro, se não for para ter boa mesa, boa companhia, bons vinhos, belas mulheres, prazeres de todas as cores, divertimentos de toda espécie. Preferiria ser mendigo a possuir uma grande fortuna sem nenhum desses prazeres. Mas voltemos a Racine. Esse homem só foi bom para os desconhecidos e para o tempo em que já não vivia mais.

Eu – De acordo. Mas pesa o mal e o bem. Daqui a mil anos fará derramar lágrimas, será a admiração dos homens. Em todos os recantos da terra inspirará a humanidade, a comiseração, a ternura; perguntar-se-á quem foi, de que país era e invejar-se-á a França. Fez sofrer alguns que já não existem, aos quais não damos quase nenhum valor; nada temos a recear de seus vícios e de seus defeitos. Teria sido melhor, sem dúvida, que tivesse recebido da natureza as virtudes de um homem de bem com os talentos de um grande homem.

É uma árvore que fez secar algumas árvores plantadas a seu redor, que sufocou as plantas que cresciam a seus pés, mas elevou sua copa até as nuvens; seus ramos se estenderam amplamente, oferecendo sombra para aqueles que vinham, que veem e que virão repousar em torno de seu tronco majestoso; produziu frutos de raro sabor e que se renovam sem cessar. Seria realmente a desejar que Voltaire tivesse também a doçura de Duclos, a ingenuidade do padre Trublet, a retidão do padre d'Olivet[10], mas como isso não é possível, observemos a coisa do lado verdadeiramente interessante; esqueçamos por um momento o ponto que ocupamos no espaço e na duração e estendamos nossa vista aos séculos vindouros, às regiões mais afastadas e aos povos por surgir.

Sonhemos com o bem de nossa espécie. Se não somos bastante generosos, perdoemos pelo menos a natureza por ter sido mais sábio que nós. Se jogarem água fria sobre a cabeça de Greuze[11], extinguirão talvez seu talento com sua vaidade. Se tornarem Voltaire menos sensível à crítica, não poderá mais descer até a alma de Mérope[12]. Ele não os impressionará mais.

Ele – Mas se a natureza é tão poderosa quanto sábia, por que não os fez tão bons como os fez grandes?

Eu – Mas não vês que com semelhante raciocínio invertes a ordem geral e que, se neste mundo tudo fosse excelente, não haveria nada de excelente?

Ele – Tem razão. O ponto importante é que você e eu sejamos e que sejamos você e eu. Que, por outro lado, todo o resto ande como puder.

A melhor ordem das coisas, segundo meu parecer, é aquela onde eu deveria estar e tanto pior para o mais perfeito dos mundos, se eu não estiver nele. Prefiro ser, e mesmo ser argumentador impertinente, do que não ser.

Eu – Não há ninguém que pense como tu e que não mova processo contra a ordem que aí está, sem perceber que renuncia à sua própria existência.

Ele – É verdade.

Eu – Aceitemos, portanto, as coisas como são. Vejamos o que nos custam e o que nos rendem; deixemos de lado o todo que não conhecemos de modo suficiente para elogiá-lo ou para recriminá-lo e que, talvez, não seja nem bom nem mau, se for necessário, como muitas pessoas honestas imaginam.

....

(10) Duclos era secretário da Academia Francesa, homem rude e grosseiro; Trublet, padre e escritor, era um bajulador e homem que não conhecia boas maneiras; d'Olivet, ex-padre e escritor, era odioso e hipócrita.

(11) Jean-Baptiste Greuze (1725-1805), pintor e desenhista, suas obras eram admiradas por Diderot.

(12) Título de uma tragédia de Voltaire (1694-1778).

Ele – Não entendo grande coisa de tudo o que você acaba de dizer. É aparentemente filosofia; já o previno que não me meto nisso. Tudo o que sei é que gostaria muito de ser um outro, talvez ser um homem de gênio, um grande homem. Sim, devo realmente confessar que há algo que me diz isso. Nunca ouvi elogiar um único homem que esse elogio não me tenha feito enraivecer secretamente. Sou invejoso. Quando fico sabendo algum particular de sua vida privada que o degrada, escuto com prazer. Isso nos aproxima; suporto mais facilmente minha mediocridade. Digo para mim mesmo: certamente nunca terias feito *Maomé*[13], mas nem o elogio de *Maupeou*[14]. Estive, portanto, e ainda estou incomodado por ser medíocre. Sim, sim, sou medíocre e estou zangado. Nunca ouvi tocar a abertura das *Índias Galantes*[15], nunca ouvi cantar *Profundos Abismos do Tenário, Noite, Eterna Noite*, sem me dizer dolorosamente: aí está o que nunca farás. Sentia ciúmes, portanto, de meu tio e se, à sua morte, encontrasse algumas belas peças para cravo em sua pasta, não teria vacilado entre permanecer eu mesmo ou ser ele.

Eu – Se é somente isso que te magoa, não vale muito a pena.

Ele – Não é nada. São momentos que passam.

Em seguida se pôs a cantar a abertura das Índias Galantes *e a ária* Profundos Abismos *e acrescentou*:

Há algo dentro de mim que me fala e diz: Rameau, tu gostarias realmente de ter composto esses dois trechos; se os tivesses composto, terias certamente feito dois outros e, quando tivesses feito certo número deles, serias executado e cantado em toda parte. Sempre que andasses por aí, terias a cabeça erguida, a consciência te daria testemunho de teu próprio mérito; os outros te apontariam com o dedo. Diriam: "É ele o compositor das belas gavotas."

....

(13) Escrito de Voltaire.

(14) O chanceler Maupeou reformou o Parlamento francês em 1771, fato que deixou Diderot indignado, mas Voltaire elogiou a reforma.

(15) Ópera-balé de Rameau, composta em 1735.

E cantava as gavotas. Depois, com o ar de um homem comovido, nadando na alegria e com os olhos úmidos, acrescentava, esfregando as mãos:

Tu terás uma boa casa...

E media sua extensão com seus braços.

Uma boa cama...

E se estendia nela indolentemente.

Bons vinhos...

Que os degustava fazendo estalar a língua contra seu palato.

Uma boa carruagem...

E levantava o pé para subir nela.

Belas mulheres...

Que já as agarrava pela garganta e que as olhava voluptuosamente.

Cem patifes viriam incensar-me todos os dias.

E ele acreditava vê-los diante dele; via Palissot, Poinsinet, os Fréron, pai e filho, Laporte[16]*; ele os ouvia, se empertigava, os aprovava, lhes sorria, os desdenhava, os desprezava, os expulsava, os chamava de volta; depois continuava:*

E é assim que, pela manhã, te diriam que és um grande homem; lerias na história dos *Três Séculos*[17] que és um grande homem; à noite estarias convencido que és um grande homem. E o grande homem, Rameau sobrinho, adormeceria ao doce murmúrio do elogio que continuaria ressoando em seus ouvidos. Mesmo dormindo, teria o ar satisfeito. Seu peito se dilataria, se elevaria, se abaixaria com desembaraço, roncaria como um grande homem.

....

(16) Adversários dos enciclopedistas. Palissot havia ridicularizado Diderot, sobretudo em sua comédia de 1760, intitulada *Philosophes*; Poinsinet fizera o mesmo em seu livro *Le Petit Philosophe*, também de 1760; o padre Delaporte colaborou com Fréron, mas depois se reaproximou de Diderot.

(17) Referência à obra *Les trois siècles de la littérature* do padre Sabatier de Castres, publicada em 1772, na qual o autor se posiciona contra os enciclopedistas. A respeito de Diderot escreve: "Escritor incorreto, moralista perigoso... literato enfim que escreveu muitas obras sem que se possa dizer que dele tenhamos um bom livro."

E dizendo isso, se deixava deslizar molemente num banquinho, fechava os olhos e imitava o sonho feliz que imaginava. Após ter saboreado alguns instantes a doçura desse repouso, acordava, espichava os braços, bocejava, esfregava os olhos e procurava ainda em torno dele seus aduladores insípidos.

Eu – Acreditas então que o homem feliz tem um sono todo especial?

Ele – Se acredito! Eu, pobre diabo, quando à noite subo para meu sótão e me enfio em meu catre, fico enrijecido sob minhas cobertas; tenho o peito apertado e a respiração perturbada; é uma espécie de lamento fraco que mal se ouve, enquanto um abastado faz ressoar seu apartamento e espanta toda a rua. Mas o que me aflige hoje não é roncar e dormir mesquinhamente como um miserável.

Eu – Isso, no entanto, é triste.

Ele – O que me aconteceu é muito mais.

Eu – O que aconteceu?

Ele – Você sempre demonstrou algum interesse por mim porque sou um pobre diabo simpático que, no fundo, você despreza, mas que o diverte.

Eu – É a pura verdade.

Ele – E eu vou contar.

Antes de começar, dá um profundo suspiro e leva as duas mãos à testa. A seguir, retoma um ar tranquilo e me diz:

– Sabes que sou um ignorante, um tolo, um louco, um impertinente, um preguiçoso, aquilo que nossos borgonheses chamam um incorrigível vagabundo, um velhaco, um guloso...

Eu – Que panegírico!

Ele – É totalmente verdadeiro. Não há uma só palavra a tirar. Não me conteste a respeito, por favor. Ninguém me conhece melhor do que eu e ainda não disse tudo.

Eu – Não quero te aborrecer e vou concordar plenamente.

Ele – Pois bem, eu vivia com gente que me aceitava de bom grado precisamente porque eu era dotado, num raro grau, de todas essas qualidades.

Eu – Interessante! Até agora eu acreditava que todos as escondessem de si mesmo ou que as perdoassem quando próprias e que as desprezassem nos outros.

Ele – Escondê-las, quem poderia? Fique certo de que, ao ficar a sós e refletir sobre si, Palissot diz outras coisas bem diferentes para si mesmo. Fique certo de que numa conversa com seu colega[18], eles confessam francamente que não passam de dois insignes tratantes. Desprezá-las nos outros! Minha gente era mais justa e seu caráter garantia maravilhosamente meu sucesso. Eu vivia às mil maravilhas. Era festejado. Por pouco que me ausentasse, lamentavam.

Eu era seu pequeno Rameau, seu belo Rameau, seu Rameau louco, impertinente, ignorante, preguiçoso, guloso, bufão, tonto. Não havia um só desses apelidos familiares que não me valesse um sorriso, uma carícia, um tapinha nos ombros, uma bofetada, um pontapé, à mesa um belo bocado que era jogado em meu prato, fora da mesa uma liberdade que eu usufruía de modo inconsequente; de fato, eu realmente sou inconsequente. Todos fazem de mim, comigo, diante de mim tudo o que quiserem, sem que eu me torne formal. E os pequenos presentes que choviam? Como sou mesquinho; perdi tudo! Perdi tudo por ter tido senso comum uma vez, uma única vez em minha vida. Ah! se isso nunca me tivesse acontecido!

Eu – De que se tratava, pois?

Ele – É uma tolice incomparável, incompreensível, irreparável.

Eu – Que tolice afinal?

Ele – Rameau, Rameau, foste apanhado por isso! A tolice de ter tido um pouco de gosto, um pouco de espírito, um pouco de razão. Rameau, meu amigo, isso te ensinará a permanecer como Deus te fez e como teus protetores queriam que fosses.

....

(18) Trata-se do livreiro David, um dos editores da Enciclopédia, mas que em sociedade com Palissot e com subsídios do ministro Choiseul publicava o periódico *Gazettes Anglaises*. Os dois, David e Palissot, acabaram se desentendendo e se acusando mutuamente de trapaceiros.

Por isso te agarraram pelos ombros, te conduziram até a porta e te disseram: "Fora daqui, velhaco! Nunca mais apareça. Isso aí quer ter senso, razão, creio! Sai! Temos dessas qualidades de sobra." Foste embora mordendo os dedos, quando tua língua maldita deveria ter sido mordida antes.

Por não teres sido prudente, aí estás no olho da rua, sem nada e sem saber onde bater a cabeça.

Tinhas a comida à boca e agora, paciência, voltas aos restos; estavas bem alojado e agora podes dar-te por feliz se te concederem aquele sótão; tinhas uma cama confortável e agora a palha te espera entre o cocheiro do senhor Soubise e o amigo Robbé[19].

Em vez de um sono doce e tranquilo como tinhas, com uma orelha ouvirás o relincho e o pisotear dos cavalos e, com a outra, o ruído mil vezes mais insuportável dos vermes secos, duros e bárbaros. Infeliz, imprudente, possuído por um milhão de diabos!

Eu – Mas não haveria meios de se ajeitar de novo? A falta que cometeste é tão imperdoável? Em teu lugar eu iria procurar meus amigos. Tu és mais necessário do que podes imaginar.

Ele – Oh! estou certo de que se entendiam como cães agora que não contam comigo para fazê-los rir.

Eu – Eu iria, no entanto, procurá-los. Não lhes daria tempo para passarem sem mim, de se voltarem para algum divertimento honesto, pois quem sabe o que pode acontecer?

Ele – Não é isso que eu receio. Isso não haverá de acontecer.

Eu – Por mais sublime que sejas, outro pode te substituir.

Ele – Dificilmente.

Eu – De acordo. Entretanto, eu iria com esta fisionomia desfeita, com estes olhos distantes, este colarinho desalinhado, estes cabelos desgrenhados, no estado verdadeiramente trágico em que te encontras. Eu me lançaria aos pés da divindade.

....

[19] Soubise era dono de estábulos e cavalariças, nas quais muitos mendigos e sem-teto dormiam; entre eles parece que estava o poeta Robbé, autor de La Vérole.

Colaria meu rosto no chão e, sem me reerguer, lhe diria com voz baixa e soluçante: "Perdão, senhora, perdão! Sou um indigno, um infame. Foi um lamentável instante, pois sabe que não sou homem de ter senso comum e lhe prometo que nunca mais o terei na vida."

O mais divertido é que, enquanto eu mantinha essa conversa, ele executava a pantomima. Estava prostrado, com o rosto por terra, parecia segurar entre as mãos a ponta de um chinelo, chorava, soluçava, dizia: "Sim, minha pequena rainha, sim, eu o prometo, não terei por toda minha vida, por toda minha vida!" Depois, levantando-se bruscamente, acrescentou num tom sério e refletido:

Ele – Sim, você tem razão. Creio que é o melhor. Ela é boa. O senhor Viellard diz que é tão boa! Por mim, sei também um pouco que ela o é. Mas, por favor, ir humilhar-se diante de uma mulher horrorosa! Gritar por misericórdia aos pés de uma miserável palhaça que as vaias da plateia não cessam de perseguir.

Eu, Rameau! Filho do senhor Rameau, boticário de Dijon, homem de bem e que jamais dobrou os joelhos diante de quem quer que fosse! Eu, Rameau, sobrinho daquele que é chamado o grande Rameau, que é visto passear ereto e com os braços levantados no Palais-Royal, desde que o senhor Carmontelle[20] o desenhou curvado e com as mãos sob as abas de seus trajes! Eu que compus peças para cravo, que ninguém toca, mas que serão talvez as únicas a passar para a posteridade que as haverá de tocar.

Eu! Eu, enfim! Iria... Por favor, senhor, isso não é possível.

E pondo a mão direita sobre seu peito acrescentou:

– Sinto neste instante algo que surge e que me diz: "Rameau, não farás nada disso." É preciso que haja certa dignidade ligada à natureza do homem e que nada pode sufocar. Isso se desperta de repente. Sim, sem mais nem menos, pois há dias em que não me

....
(20) Carrogis de Carmontelle (1717-1809), pintor e desenhista, autor também de *Proverbes*.

custaria nada ser tão vil quanto se quisesse; nesses dias, por um mísero tostão, eu beijaria a bunda da pequena Hus[21].

Eu – Calma aí, meu amigo! Ela é branca, bonita, jovem, doce, roliça; e é um ato de humildade ao qual alguém mais delicado que tu poderia por vezes rebaixar-se.

Ele – Vamos nos entender. Trata-se de beijar a bunda no sentido concreto e beijar a bunda no sentido figurado.

Peça ao gordo Bergier para que beije a bunda da senhora La Marck[22] no sentido concreto e no figurado e, palavra de honra, o concreto e o figurado haveriam de me desagradar igualmente.

Eu – Se o expediente que te sugiro não te convém, tem então coragem para ser mendigo.

Ele – É duro ser mendigo enquanto houver tolos opulentos a cujas custas se pode viver. E, além do mais, desprezar-se a si mesmo é insuportável.

Eu – Conheces esse sentimento?

Ele – Se o conheço! Quantas vezes eu me disse: "Como, Rameau! Há dez mil mesas bem servidas em Paris com quinze ou vinte talheres cada uma e não há um lugar reservado para ti!

Há bolsas cheias de ouro que são esvaziadas à direita e à esquerda e nenhuma moeda cai para ti!

Mil pequenos e belos espíritos, sem talento, sem mérito; mil pequenas criaturas sem encanto; mil intrigantes sem graça estão bem vestidos e tu irás completamente nu? Serias tão imbecil até esse ponto? Não saberias mentir, jurar, perjurar, prometer, cumprir ou não, como os outros? Não saberias te pôr de quatro, como os outros? Não saberias favorecer as intrigas de uma mulher e levar o recado amoroso do marido, como os outros?

Não saberias encorajar esse jovem a falar com a senhorita e persuadir a senhorita a escutá-lo, como os outros?

....

(21) Adelaïde-Louise-Pauline Hus, atriz da Comédia francesa, casada com Bertin d'Antilly, cuja casa era frequentada por Rameau e da qual acabou sendo expulso.

(22) Trata-se do padre Bergier, adversário de Diderot, e da senhora La Marck, protetora de Palissot e inimiga de Diderot.

Não saberias fazer compreender à filha de um de nossos burgueses que está mal arrumada; que belos brincos, um pouco de pintura, rendas, um vestido à polonesa lhe cairiam maravilhosamente bem? Que seus pezinhos não foram feitos para andar na rua?

Que há um belo senhor, jovem e rico, com trajes bordados de ouro, com uma soberba carruagem, com seis grandes lacaios, que a viu passar, que a considera encantadora e que, desde esse dia, perdeu a vontade de beber e de comer, que não dorme mais e que por causa dela morrerá?" "Mas meu pai. – Bom, bom, teu pai! Ele se zangará um pouco no começo. – E mamãe, que me recomenda tanto que eu seja uma jovem honesta? Que me diz que nada neste mundo é melhor que a honra? – Velhas conversas que não significam nada. – E meu confessor? – Não o verás mais; ou se persistir em contar-lhe a história de teus divertimentos, isso te custará algumas libras de açúcar e de café. – É um homem severo que já me recusou a absolvição por causa da canção *Vem em minha cela*. – És tu que nada tinhas a lhe oferecer...

Mas quando apareceres diante dele em rendas... – Terei então rendas? – Sem dúvida, de todos os tipos... com belos brincos de diamante. – Terei então belos brincos de diamante? – Sim. – Como aqueles da marquesa que vem algumas vezes comprar luvas em nossa loja? – Precisamente. Numa bela carruagem com belos cavalos cinzentos malhados, dois grandes lacaios, um negrinho e um batedor à frente em cavalo vermelho malhado de cauda empinada. – Ao baile? – Ao baile... à Ópera, à Comédia..." Seu coração já estreme de alegria. Brincas com um papel entre os dedos. "Que é isso? – Não é nada. – Parece-me que sim. – É um bilhete. – E para quem? – Para ti, se fosses um pouco curiosa. – Curiosa, eu o sou muito. Vamos ver." Ela lê. "Um encontro, não é possível. – Indo à missa. – Mamãe sempre me acompanha; mas se ele viesse aqui bem cedo, sou a primeira a levantar, já estou no balcão antes que os outros tenham levantado."

Ele vem, agrada; um belo dia, ao entardecer, a pequena desaparece e me dão dois mil escudos... Pois, com esse talento que possuis, ainda te falta pão? Não tens vergonha, infeliz? Eu me lembrava de um monte de malandros que não chegavam a meus pés e estavam nadando na riqueza. Eu usava um sobretudo de estopa e eles estavam cobertos de veludo, se apoiavam em bengalas de castão de ouro e bico de corvo, trazendo nos dedos joias com efígies de Aristóteles e Platão. E, no entanto, quem eram? A maioria, miseráveis andarilhos; hoje são uma espécie de senhores. Então eu me dava coragem, alma elevada, espírito sutil e capaz de tudo. Mas essas felizes disposições aparentemente não duravam, pois até hoje não consegui trilhar um caminho certo. Seja como for, aí está o texto de meus frequentes solilóquios que você pode parafrasear a gosto, contanto que chegue à conclusão de que conheço o desprezo de si ou esse tormento da consciência que surge da inutilidade dos dons que o céu distribuiu entre nós. É o mais cruel de todos os sentimentos. Talvez fosse melhor que o homem não tivesse nascido.

Eu o escutava e à medida que representava a cena do proxeneta e da jovem que seduzia, a alma agitada entre dois movimentos opostos, eu não sabia se me entregava à vontade de rir ou ao transporte da indignação. Eu sofria. Vinte vezes uma explosão de riso impediu minha cólera de explodir; vinte vezes a cólera que subia do fundo de meu coração terminou com uma explosão de riso. Via-me confuso diante de tanta sagacidade e de tanta baixeza, com ideias tão corretas e alternadamente tão falsas, com uma perversidade tão geral de sentimentos, de uma torpeza tão completa e de uma franqueza tão incomum. Percebeu o conflito que me atormentava e perguntou: "Que tens?"

Eu – Nada.

Ele – Parece perturbado.

Eu – Estou realmente.

Ele – Mas, enfim, que me aconselha?

Eu – Mudar de assunto. Ah! infeliz, em que estado abjeto nasceste ou caíste?

Ele – Concordo. Entretanto, que meu estado não o comova demasiadamente. Minha intenção, ao desabafar, não era a de afligi-lo. Consegui guardar algumas economias ao conviver com essa gente. Imagine que eu não precisava de nada, mas de nada mesmo e, no entanto, me davam bastante para meus pequenos prazeres.

Recomeçou então a bater na cabeça com uma de suas mãos fechadas, a morder os lábios e a revirar os olhos desvairados para o texto, acrescentando: Mas já é coisa feita. Guardei alguma coisa. Tempo passado, mas é sempre outro tanto acumulado.

Eu – Queres dizer, perdido.

Ele – Não, não, acumulado. Enriquece-se a cada instante. Um dia a menos para viver ou um escudo a mais; é tudo a mesma coisa. O importante é ir todas as noites fácil, livre, agradável e copiosamente ao banheiro. *O stercus pretiosum*! (Ó esterco precioso!) Esse é o grande resultado da vida em todas as condições. No momento derradeiro, todos são igualmente ricos; Samuel Bernard[23] que, com esquemas de roubos, pilhagens, bancarrotas, deixa vinte e sete milhões em ouro, e Rameau que não deixará nada; Rameau a quem a caridade proverá a mortalha tosca que o haverá de envolver. O morto não ouve soar os sinos. É em vão que cem padres berrem por ele, que seja precedido ou seguido por uma longa fila de tochas ardentes; sua alma não caminha ao lado do mestre de cerimônias. Apodrecer sob o mármore, apodrecer embaixo da terra é sempre apodrecer. Ter em torno de seu caixão os Coroinhas Vermelhos e os Coroinhas Azuis[24] ou não ter ninguém, que diferença faz? E depois, repare bem nesse punho: era rijo como uma alavanca. Esses dez dedos eram outras tantas varas cravadas num metacarpo de madeira; e esses tendões eram velhas cordas de tripa mais secas, mais rijas, mais inflexíveis que aquelas que serviram para a roda de um torneiro. Mas eu as atormentei sem cessar, as judiei tanto, as estraçalhei tanto. Não queres ir. Mas eu, diachos, digo que irás. E assim será.

Dizendo isso, tinha agarrado com a mão direita os dedos e o punho da mão esquerda e os revirava para cima e para baixo;

----

(23) Samuel Bernard (1651-1739) era publicamente conhecido como grande credor dos reis.

(24) O autor relembra o costume de contratar mediante pagamento órfãos de dois orfanatos diferentes, vestidos com trajes de cores distintas, para acompanhar as pompas fúnebres nas igrejas e a procissão do sepultamento.

a extremidade dos dedos tocava o braço, as juntas estalavam. Eu temia que os ossos se deslocassem.

Eu – Cuidado! Vais te estropiar.
Ele – Não tenha medo. Estão acostumados a isso.

Há dez anos que não os tenho tratado de outro jeito. Embora não gostassem, esses pilantras tiveram de se acostumar a isso e de aprender a se colocar sobre as teclas e a dedilhar as cordas. Por isso agora a coisa vai bem. Sim, vai muito bem.

Ao mesmo tempo, se ajusta na atitude de um tocador de violino; cantarola um allegro de Locatelli[25]; seu braço direito imita o movimento do arco; sua mão esquerda e seus dedos parecem passear pelo braço do violino; se desafina, para, estica ou afrouxa a corda; toca-a com a unha para se assegurar que está certa; retoma o trecho onde parou; marca o compasso com o pé, se agita todo, com a cabeça, com os pés, com as mãos, com os braços, com o corpo. Como se vê às vezes no Concerto espiritual, Ferrari ou Chiabran ou algum outro virtuose nas mesmas convulsões, oferecendo a imagem do mesmo suplício e causando quase a mesma pena, pois não é doloroso ver o tormento naquele que se ocupa em transmitir prazer? Puxem uma cortina que esconda de mim esse homem que quer me mostrar um estudioso aplicado a uma questão. No meio de suas agitações e de seus gritos, se apresentava uma posição, um desses trechos harmoniosos em que o arco se move lentamente sobre várias cordas ao mesmo tempo, seu rosto tomava uma expressão extasiada, sua voz se suavizava, ele mesmo se escutava como que em êxtase. É certo que os acordes ressoavam em suas orelhas e nas minhas. Depois, repondo o instrumento sob seu braço esquerdo, com a mesma mão que o segurava e deixando cair sua mão direita com o arco, me dizia: Pois bem, que acha?

Eu – Maravilhoso!
Ele – Está bem, me parece; soa mais ou menos como os outros.

----

(25) Pietro Antonio Locatelli (1695-1764), violinista e compositor italiano que viveu e faleceu na Holanda. Suas composições para violino são de uma dificuldade de execução espantosa.

E logo se agachou, como um músico que se põe ao cravo.
– Tem piedade de ti mesmo e de mim – *lhe digo.*
Ele – Não, não, visto que o detenho, deverá me escutar. Não quero uma opinião a meu respeito que seja emitida sem saber porquê. Se você me elogiar com um tom mais seguro, isso me valerá um aprendiz.
Eu – Minhas relações são tão escassas, que vais te cansar sem proveito.
Ele – Não me canso nunca.
Como percebi que eu queria inutilmente ter compaixão do homem porque a sonata ao violino o havia deixado totalmente molhado, tomei a decisão de deixá-lo fazer como quisesse.
Aí está, pois, sentado ao cravo, as pernas dobradas, a cabeça erguida para o teto onde pareceria ver uma partitura, cantando, preludiando, executando uma peça de Alberti ou de Galuppi[26]*, não sei de qual dos dois. Sua voz girava como o vento e seus dedos rodopiavam sobre as teclas, ora deixando as agudas para tocar as graves, ora deixando a parte do acompanhamento para retornar às agudas. As paixões se sucediam em seu rosto.*
Distinguia-se nele a ternura, a ira, o prazer, a dor. Percebiam-se os piano e os forte. Estou certo que alguém mais hábil que eu teria reconhecido o trecho pelo movimento, pelo caráter, por suas expressões e por alguns fragmentos de canto que lhe escapavam a intervalos. Mas o que ele tinha de extravagante é que, de tempos em tempos, tateava, se recompunha, como se tivesse errado e ficava contrariado, como se não tivesse mais a peça em seus dedos.
Endireitando-se e enxugando as gotas de suor que desciam por suas faces, disse: Enfim, pode ver que sabemos colocar um trítono, uma quinta supérflua e que o encadeamento das notas dominantes nos é familiar. Essas passagens enarmônicas, das

---

(26) São dois compositores italianos. Domenico Alberti (1710-1740), compositor e cantor, é conhecido como o inventor do "baixo de Alberti". Baldassare Galuppi (1706-1785), considerado um dos criadores da ópera-bufa.

quais meu caro tio fez tanta questão, não são coisa extremamente complicada; nós nos saímos bem.

Eu – Fizeste realmente um grande esforço para me mostrar que eras muito hábil; eu teria acreditado simplesmente em tua palavra.

Ele – Muito hábil? Oh! não! Para meu ofício, sei mais ou menos e já mais do que preciso, pois neste país quem é obrigado a saber o que ensina?

Eu – Tampouco a saber aquilo que se aprende.

Ele – Isso é verdade, com os diabos, é realmente verdade. Agora, senhor filósofo, com a mão sobre a consciência, fale francamente. Houve um tempo em que você não era tão rico como hoje.

Eu – Ainda não o sou demasiado.

Ele – Mas você não iria mais a Luxemburgo no verão, você se lembra...

Eu – Deixemos isso. Sim, me lembro.

Ele – De sobrecasaca de pelúcia cinza.

Eu – Sim, sim.

Ele – Puída num dos lados, com o punho rasgado e as meias negras de lã remendadas atrás com linha branca.

Eu – Sim, sim, tudo como quiseres.

Ele – Que fazia então na alameda dos Suspiros?

Eu – Uma figura bem triste.

Ele – Ao sair de lá, você caminhava rapidamente pela calçada.

Eu – De acordo.

Ele – Você lecionava matemática.

Eu – Sem saber nada. Era aí que querias chegar?

Ele – Exatamente.

Eu – Eu aprendia ensinando os outros e preparei alguns bons alunos.

Ele – Isso é possível, mas com a música não ocorre o mesmo que com a álgebra ou com a geometria. Hoje que você é um abastado senhor...

Eu – Não tão abastado.

Ele – Que é rico...

Eu – Muito pouco.

Ele – Você contrata professores para sua filha.

Eu – Ainda não. É a mãe dela que trata de sua educação, pois é preciso ter paz em casa.

Ele – Paz em casa? Com os diabos! Só a temos quando somos o servidor ou o senhor e devemos ser o senhor. Tive uma mulher. Que Deus tenha sua alma. Mas quando, às vezes, resolvia me enfrentar, eu me alçava sobre meus esporões, desdobrava meu trovão, dizia como Deus "que a luz se faça e a luz era feita". Por isso, em quatro anos, não houve dez vezes em que um tentou impor sua palavra ao outro. Que idade tem sua filha?

Eu – Isto não vem ao caso.

Ele – Que idade tem sua filha?

Eu – Que diabo! Deixemos minha filha e sua idade de lado e voltemos aos professores que terá.

Ele – Por Deus, não conheço ninguém mais cabeçudo que um filósofo. Suplicando muito humildemente, não se poderia saber do senhor filósofo qual a idade aproximada da senhorita sua filha?

Eu – Dá-lhe oito anos.

Ele – Oito anos! Há quatro anos que já deveria ter os dedos nas teclas.

Eu – Mas talvez não me tenha preocupado muito em incluir no plano de sua educação um estudo que ocupa tanto tempo e que serve para tão pouco.

Ele – E o que vai lhe ensinar então, por favor?

Eu – Pensando bem, se puder, coisa tão pouco comum entre os homens e mais rara ainda entre as mulheres.

Ele – Deixe-a tranquilamente desatinar tanto quanto quiser, contanto que seja bonita, divertida e simpática.

Eu – Visto que a natureza foi bastante ingrata para com ela, dando-lhe uma compleição delicada com uma alma sensível e expondo-a às mesmas dificuldades da vida como se tivesse uma compleição forte e um coração de bronze, vou lhe ensinar, se puder, a suportá-las com coragem.

Ele – Deixe-a chorar, sofrer, ter suas manias, desgastar-se os nervos como as outras, desde que seja bonita, divertida e simpática. O quê? Nada de dança?

Eu – Nada mais que o necessário para fazer uma reverência, para ter um porte decente, para se apresentar bem e para saber andar.

Ele – Nada de canto?

Eu – Nada mais que o necessário para adquirir uma boa pronúncia.

Ele – Nada de música?

Eu – Se encontrasse um bom professor de harmonia, a confiaria a ele de boa vontade duas horas por dia, durante um ou dois anos; não mais que isso.

Ele – E no lugar das coisas essenciais que suprime...

Eu – Vou colocar gramática, mitologia, história, geografia, um pouco de desenho e muita moral.

Ele – Como me seria fácil provar-lhe a inutilidade de todos esses conhecimentos num mundo como o nosso, que digo? A inutilidade, talvez o perigo. Mas no momento me concentro numa questão: ela não necessitaria de um ou dois professores?

Eu – Sem dúvida.

Ele – Ah! Voltamos ao ponto. E esses professores, você espera que saibam a gramática, a mitologia, a história, a geografia, a moral para ministrar suas lições? Conversa, meu caro mestre, conversa. Se dominassem essas coisas de maneira suficiente, não as ensinariam.

Eu – E por quê?

Ele – É que eles teriam passado a vinda inteira estudando as mesmas. É preciso ser profundo na arte ou na ciência para dominar bem seus elementos. As obras clássicas não podem ser feitas senão por aqueles que envelheceram em seu ofício.

São o meio e o fim que iluminam as trevas do começo. Pergunte a seu amigo D'Alembert, o corifeu da ciência matemática, se seria realmente capaz de ensinar seus elementos. Foi somente após trinta ou quarenta anos de exercício que meu tio conseguiu entrever os primeiros clarões da teoria musical.

Eu – Ó louco, arquilouco, *eu gritava*, como é possível que em tua péssima cabeça se encontrem ideias tão corretas misturadas com tantas extravagâncias?

Ele – Diabo, quem sabe? É o acaso que as joga e elas ficam. Há nelas tanto que, quando não se sabe tudo, não se sabe nada bem. Ignora-se para onde uma coisa vai, de onde outra vem, onde esta ou aquela devem ser colocadas, qual deve passar primeiro, onde ficará melhor a segunda. Ensina-se bem sem método? E o método, de onde vem? Escuta, meu filósofo, tenho na cabeça que a física será sempre uma pobre ciência; uma gota de água apanhada com a ponta de uma agulha no vasto oceano; um grão destacado da cordilheira dos Alpes. E as razões dos fenômenos? Na verdade, tanto faria ignorar como saber tão pouco e tão mal. Era precisamente onde me encontrava quando me tornei professor de acompanhamento e de composição. Com que sonha?

Eu – Sonho que tudo o que acabas de dizer é mais ilusório que sólido. Mas deixemos isso. Ensinaste, segundo dizes, acompanhamento e composição?

Ele – Sim.

Eu – E não sabias absolutamente nada?

Ele – Não, palavra de honra! E é por isso que havia piores do que eu: aqueles que acreditavam saber alguma coisa. Pelo menos eu não estragava nem o juízo nem as mãos das crianças.

Passando de mim para um bom professor, como não haviam aprendido nada, pelo menos nada tinham a desaprender, o que era sempre tempo e dinheiro poupados.

Eu – Como fazias?

Ele – Como fazem todos. Eu chegava, me atirava numa cadeira: "Como o tempo está ruim! Como é cansativo andar a pé!" Conversava à toa sobre algumas novidades: "A senhorita Lemierre deve representar o papel de vestal na ópera nova.

Mas está grávida pela segunda vez. Não se sabe quem vai substituí-la. A senhorita Arnould acaba de abandonar seu belo conde. Diz-se que está negociando com Bertin. O belo conde, no entanto, encontrou a porcelana do senhor Montamy[27].

No último concerto dos amadores havia uma italiana que cantou como um anjo. Esse Preville[28] tem um corpo raro. É preciso vê-lo em *Mercúrio Galante*; o trecho do enigma é impagável. Essa pobre Dumesnil[29] não sabe mais o que diz nem o que faz. Vamos, senhorita, vá procurar seu livro."

Enquanto a senhorita, sem pressa nenhuma, procura o livro que extraviou, enquanto uma criada é chamada, enquanto se resmunga, continuo: "A Clairon é verdadeiramente incompreensível. Fala-se de um casamento realmente absurdo. É o da senhorita, como se chama? Uma menina que ele mantinha, em quem fez dois ou três filhos, e que havia sido mantida por vários outros. – Vamos, Rameau, não é possível, estás dizendo disparates. – Não estou dizendo disparates. Diz-se mesmo que a coisa já está feita. Corre o boato que Voltaire morreu. Tanto melhor. – Por que tanto melhor? – É que ele vai nos preparar uma boa. É seu costume morrer quinze dias antes."

Que vou te dizer ainda? Contava algumas obscenidades que ouvira em casas que eu frequentava, pois somos todos grandes fofoqueiros. Eu me fazia de louco. Todos escutavam, riam, gritavam: "É sempre encantador." Nesse meio tempo o livro da senhorita tinha sido finalmente encontrado embaixo de uma poltrona, para onde havia sido arrastado, mastigado, rasgado por um cachorrinho ou por um gatinho.

Ela se sentava ao cravo. Primeiro fazia ruído sozinha. Em seguida eu me aproximava, depois de ter feito à mãe um sinal de aprovação. A

....

(27) Como Lemierre, a senhorita Sophie Arnould era uma célebre cantora de Ópera e acabava de romper (1761) com o extravagante conde Lauraguais que contratava químicos para pesquisas e, em 1764, apregoava que havia descoberto os verdadeiros elementos químicos para pintura em porcelanas. Por sua parte, Montamy, amigo de Diderot, se dedicava às mesmas pesquisas sem se preocupar em divulgar os resultados.

(28) Ator da Comédia francesa de grande sucesso.

(29) Atriz da Comédia francesa, então em torno dos cinquenta anos, já com fama de alcoólatra.

mãe dizia: "Não vai mal; bastaria querer, mas não quer. Prefere perder seu tempo tagarelando, contando ninharias, correndo, fazendo não sei quê. Mal te retiras, o livro é imediatamente fechado para só ser reaberto quando voltas. Também, nunca a repreendes..."

Entretanto, como era preciso fazer alguma coisa, tomava suas mãos para colocá-las em outra posição. Eu perdia a paciência e gritava: "*Sol, sol, sol*, senhorita, é um *sol*." E a mãe: "Menina, não tens ouvidos? Eu que não estou ao cravo, que não leio em teu livro, sinto que é preciso um *sol*. Dás um trabalho infinito ao senhor. Não posso imaginar a paciência dele. Não reténs nada do que ele diz.

Não progrides..." Então eu rebatia um pouco os golpes e, meneando a cabeça, dizia: "Perdão, senhora, perdão. Poderia ser melhor, se a senhorita quisesse, se estudasse um pouco, mas não está tão mal assim." E a mãe: "Em teu lugar, eu a manteria um ano na mesma peça. – Oh! Quanto a isso, ela não sairá enquanto não tiver superado todas as dificuldades; e isso não vai demorar tanto quanto a senhora possa crer." E a mãe: "Senhor Rameau, tu a elogias, és muito bom. De sua lição guardará somente isso para me repetir na ocasião oportuna." – A hora passava. Minha aluna me apresentava o pequeno pagamento com a graça do gesto e com a reverência que o professor de dança lhe havia ensinado. Guardava-o no bolso, enquanto sua mãe dizia: "Muito bem, minha menina. Se Javillier[30] estivesse aqui, te aplaudiria."

Por deferência eu conversava ainda um pouco e, em seguida, desaparecia. Aí está o que se chamava então uma aula de acompanhamento.

Eu – E hoje deve ser bem diferente.

Ele – Por Deus! Creio que sim. Chego muito sério. Apresso-me em tirar o protetor de minhas mãos, abro o cravo, experimento as teclas. Estou sempre apressado; se me fazem esperar um pouco, grito como se me tivessem roubado um escudo. Depois de uma hora deverei estar em outro lugar; depois de duas horas, na casa da duquesa tal. Sou esperado para o jantar em casa de uma bela

---

(30) Bailarino, professor de dança do rei.

marquesa e, ao sair de lá, para um concerto em casa do senhor barão Bacq[31], na rua Neuve-des-Petits-Champs.

Eu – E, no entanto, não és esperado em parte alguma.

Ele – É verdade.

Eu – Por que empregar todas essas pequenas vis astúcias?

Ele – Vis? E por que, por favor? São de uso em minha profissão. Não me avilto ao fazer como todo mundo. Não fui eu que as inventei. Seria esquisito e desajeitado se não me adaptasse a elas. Na verdade, sei muito bem que, se a isso forem aplicados certos princípios gerais de não sei que moral que todos têm na boca e que ninguém pratica, talvez o branco se torne preto e o que é preto se torne branco. Mas, senhor filósofo, há uma consciência geral. Como há uma gramática geral e depois exceções em cada língua que vocês sábios chamam... ajude-me...

Eu – Idiotismos.

Ele – Exatamente. Pois bem, cada posição social tem suas exceções à consciência geral e de bom grado as designaria de idiotismos do ofício.

Eu – Entendo. Fontenelle[32] fala bem, escreve bem, embora seu estilo pulule de idiotismos franceses.

Ele – E o soberano, o ministro, o financista, o magistrado, o militar, o homem de letras, o advogado, o procurador, o comerciante, o banqueiro, o artesão, o professor de canto, o professor de dança são gente muito honesta, embora sua conduta se afaste da consciência geral em vários pontos e esteja repleta de idiotismos morais.

Quanto mais antiga for a instituição das coisas, mais idiotismos haverá; quanto mais infelizes forem os tempos, mais os idiotismos se multiplicam. O ofício vale tanto quanto o homem e,

---

(31) Trata-se do barão holandês Bagge que organizava excelentes concertos musicais em sua casa.

(32) Bernard Le Bovier de Fontenelle (1657-1757), escritor francês que se celebrizou por suas obras de popularização de temas científicos.

reciprocamente, no final, o homem vale tanto quanto o ofício. Por isso se faz valer o ofício tanto quanto se puder.

Eu – O que percebo claramente em toda essa enrascada é que há poucos ofícios exercidos com honestidade ou poucas pessoas honestas em seus ofícios.

Ele – Bem, não há mesmo, mas em contrapartida há poucos velhacos fora de suas lojas; e tudo iria bastante bem sem um certo número de pessoas que são chamadas assíduas, exatas, rigorosamente cumpridoras de seus deveres, pontuais ou, o que dá no mesmo, sempre em suas lojas exercendo seu ofício de manhã à noite e não fazendo outra coisa. Por isso essas pessoas são as únicas que se tornam ricas e são as únicas estimadas.

Eu – À força de idiotismos.

Ele – É isso. Vejo que me compreendeu. Idiotismos existem em quase todas as posições sociais, pois são comuns a todos os países, a todos os tempos, assim como há tolices comuns. Um idiotismo comum é o de se proporcionar a si mais práticas do que realmente se pode exercer; uma tolice comum é a de acreditar que o mais hábil é aquele que mais práticas possui. Aí estão duas exceções à consciência geral às quais há que se curvar. É uma espécie de crédito.

Em si mesmo nada vale, mas vale realmente perante a opinião. Costuma-se dizer que *boa fama vale mais que dourada cama*.

Entretanto, quem tem boa fama não tem cama dourada e vejo que hoje quem tem cama dourada não lhe falta fama. É preciso, tanto quanto possível, ter a fama e a cama. Esse é meu objetivo quando recorro ao que qualificas de manobras vis, de pequenas astúcias indignas. Dou minha aula e a ministro bem; essa é a regra geral. Faço crer que tenho mais aulas a dar do que horas do dia: esse é o idiotismo.

Eu – Mas dás bem a aula?

Ele – Sim, não muito mal, razoavelmente. O baixo fundamental do caro tio simplificou tudo. Antigamente roubava dinheiro de meu aluno; sim, roubava, isso é certo. Hoje, eu o ganho, pelo menos como os outros.

Eu – E o roubava sem remorsos?

Ele – Oh! sem remorsos. Costuma-se dizer que *se um ladrão rouba outro ladrão, o diabo se ri.* Os pais gozavam de uma fortuna adquirida Deus sabe lá como; eram pessoas da corte, administradores, grandes comerciantes, banqueiros, gente de negócios. Eu os ajudava a restituir, eu junto com uma multidão de outros que eles empregavam como eu. Na natureza, todas as espécies se devoram; todas as condições se devoram na sociedade. Fazemos justiça uns aos outros sem a intromissão da lei. Outrora a Deschamps, hoje a Guimard[33] vingam o príncipe contra o administrador. Depois é a vez da modista, do joalheiro, do tapeceiro, da costureira, do escroque, da camareira, do cozinheiro, do seleiro de vingarem o administrador dos bens da Deschamps. No meio de tudo isso, os únicos a serem lesados são os imbecis e os ociosos, sem que tenham prejudicado ninguém; e é muito bem feito. Disso se conclui que essas exceções à consciência geral ou esses idiotismos morais que provocam tanto barulho, sob a denominação de *golpes,* não são nada. E para tomar tudo, o que vale mesmo é ter o golpe de vista certeiro.

Eu – Admiro o teu.

Ele – E mais ainda, a miséria. A voz da consciência e da honra é muito fraca quando o estômago reclama. Basta isso: se um dia ficar rico, será necessário restituir e estou mesmo disposto a restituir de todas as maneiras possíveis, pela mesa, pelo jogo, pelo vinho, pelas mulheres.

Eu – Mas receio que jamais te tornarás rico.

Ele – Eu mesmo tenho essa suspeita.

Eu – Mas se acontecesse o contrário, que farias?

Ele – Faria como todos os mendigos que se tornaram ricos. Seria o mais insolente tratante jamais visto. É então que recordaria tudo aquilo que me fizeram sofrer e devolveria todas as afrontas de que fui vítima. Gosto de mandar e mandarei. Gosto de ser

---

(33) Deschamps e Guimard eram duas famosas dançarinas de Ópera que dissiparam somas fabulosas, terminando na miséria, perseguidas pelos credores.

elogiado e serei elogiado. Terei a meu serviço toda a tropa de Villemorien[34] e lhe diria como já me disseram: "Vamos, patifes, divirtam-me." E haverão de me divertir. "Caluniem as pessoas honestas." E serão caluniadas, se é que ainda existem. Depois teremos belas moças, nos tornaremos íntimos, quando já bêbados, nos embriagaremos, contaremos casos, teremos todos os tipos de defeitos e de vícios. Será delicioso. Provaremos que Voltaire não tem gênio; que Buffon[35], sempre apoiado em pernas de pau, não passa de um declamador pomposo; que Montesquieu[36] não passa de um pretensioso; relegaremos D'Alembert[37] à sua matemática; bateremos a torto e a direito em todos esses pequenos Catões como você que nos desprezam por inveja, cuja modéstia é a capa do orgulho e cuja sobriedade é a lei da necessidade. E a música? É então que vamos tocá-la realmente.

Eu – Pelo digno uso que farão da riqueza, vejo como é realmente uma grande pena serem mendigos. Viveriam de uma maneira muito honrosa para a espécie humana, muito útil para seus concidadãos, bem gloriosa para vocês mesmos.

Ele – Acho que está zombando de mim; senhor filósofo, não sabe com quem está brincando; não desconfia que neste momento represento a parte mais importante da cidade e da corte.

Nossos opulentos em todas as posições disseram a si próprios ou não disseram as mesmas coisas que lhe confiei, mas o fato é que a vida que eu levaria no lugar deles é exatamente a vida que levam.

----

(34) Coletor de impostos, cujo nome, por sua composição, oferece a ocasião para interpretá-lo como alguém "vil e que não vale nada".

(35) Georges Louis Leclerc, conde de Buffon (1707-1788), escritor e naturalista, remodelou o Jardim do Rei (Jardim Botânico e Zoológico) e coordenou a publicação da obra, em 44 volumes, *História Natural Geral e Particular*, publicada entre 1749 e 1804.

(36) Charles de Secondat, barão de La Brède e de Montesquieu (1689-1755), escritor e filósofo. Uma de suas obras, *Cartas Persas*, já foi publicada nesta coleção da Editora Escala.

(37) Jean Le Rond D'Alembert (1717-1783), matemático e filósofo, amigo de Diderot e colaborador da Enciclopédia.

Eis onde estão, vocês todos. Vocês acreditam que a mesma felicidade é feita para todos. Que estranha visão! Sua felicidade supõe certa destreza romanesca de espírito que nós não temos, uma alma singular, um gosto particular. Vocês adornam essa esquisitice com o nome de virtude e a chamam de filosofia.

Mas a virtude, a filosofia são feitas para todos? Quem pode tem, quem tem conserva. Imagine o universo sábio e filósofo; deve convir que seria diabolicamente triste.

Escute, viva a filosofia, viva a sabedoria de Salomão: beber bons vinhos, saborear pratos delicados, rolar sobre belas mulheres, repousar em camas macias. Excetuando isto, o resto é vaidade.

Eu – Como? E defender a pátria?

Ele – Vaidade. Não há mais pátria. De um pólo a outro só vejo tiranos e escravos.

Eu – Servir aos amigos?

Ele – Vaidade. Será que temos amigos? Se os tivéssemos, deveríamos torná-los ingratos? Observe bem e verá que é quase sempre isso que se recolhe dos serviços prestados. O reconhecimento é um fardo e todo fardo é feito para ser sacudido.

Eu – Ter uma posição na sociedade e cumprir os deveres?

Ele – Vaidade. Que importa ter ou não uma posição, contanto que se seja rico, pois só se consegue uma posição para tornar-se rico. Cumprir os deveres, para onde isso leva?

À inveja, à perturbação, à perseguição. É assim que se progride? Fazer a corte, arre! Fazer a corte, ver os grandes, estudar seus gostos, prestar-se a suas fantasias, servir a seus vícios, aprovar suas injustiças. Eis o segredo.

Eu – Cuidar da educação de seus filhos?

Ele – Vaidade. É tarefa de um preceptor.

Eu – Mas se esse preceptor, convencido por teus princípios, negligenciar seus deveres, quem deverá ser castigado?

Ele – Palavra de honra! Não serei eu. Mas talvez um dia o marido de minha filha ou a mulher de meu filho.

Eu – Mas se ambos caírem na libertinagem e no vício?

Ele – Será decorrência de sua posição.
Eu – Se se desonrarem?
Ele – Façam o que fizerem, uma vez ricos nunca se desonram.
Eu – Se se arruinarem?
Ele – Tanto pior para eles.
Eu – Creio que, se te preocupares em zelar pela conduta de tua mulher, de teus filhos, de teus criados, poderás facilmente negligenciar teus negócios.
Ele – Perdoe-me, mas às vezes é difícil arranjar dinheiro, de maneira que é prudente ocupar-se continuamente com isso.
Eu – Darás poucas preocupações a tua mulher.
Ele – Nenhuma, por favor. O melhor procedimento, acredito, que se possa ter com a cara metade é fazer o que lhe convém. Em sua opinião, a sociedade não seria muito divertida se cada um se ocupasse só do que lhe diz respeito?
Eu – Por que não? A tarde é sempre mais bela para mim quando estou contente com minha manhã.
Ele – Para mim também.
Eu – O que torna as pessoas da alta sociedade tão delicadas em seus divertimentos é sua profunda ociosidade.
Ele – Não acredite nisso. Elas se agitam muito.
Eu – Como nunca se cansam, nunca descansam.
Ele – Não acredite nisso. Estão sempre exaustas.
Eu – O prazer é sempre um negócio para elas, jamais uma necessidade.
Ele – Tanto melhor, pois a necessidade é sempre um sofrimento.
Eu – Esbanjam tudo. Sua alma se embrutece. O tédio se apodera delas. Aquele que lhes tirasse a vida, no meio de sua abundância acabrunhadora, lhes faria um favor. Da felicidade só conhecem a parte que definha mais depressa. Não desprezo os prazeres dos sentidos.

Também tenho um paladar que se delicia com pratos delicados ou com vinhos deliciosos. Tenho um coração e olhos e gosto de ver uma bela mulher. Gosto de sentir sob minha mão a firmeza e a forma arredondada de seus seios, gosto de colar seus lábios nos

49

meus, de sugar a volúpia em seu olhar e de expirar em seus braços. Às vezes com meus amigos, um encontro cheio de libertinagem, mesmo um tanto tumultuado, não me desagrada.

Mas não vou te esconder que me é infinitamente mais doce ainda ter socorrido um infeliz, ter terminado um negócio espinhoso, ter dado um conselho salutar, ter feito uma leitura agradável, ter feito um passeio com um homem ou com uma mulher cara a meu coração, ter passado algumas horas instrutivas com meus filhos, ter escrito uma boa página, ter cumprido os deveres de minha posição, ter dito àquela que amo algumas coisas ternas e doces que levam seus braços a se envolverem em meu pescoço. Conheço uma ação que gostaria de ter feito, mesmo que me custasse tudo o que possuo. *Maomé* é uma obra sublime, mas preferiria ter reabilitado a memória dos Calas[38]. Um conhecido meu se havia refugiado em Cartagena. Era o caçula da família de uma região onde o costume transfere toda a herança aos primogênitos. Lá fica sabendo que seu irmão mais velho, filho mimado, depois de ter despojado o pai e a mãe, muito brandos, de tudo o que possuíam, os havia expulsado de seu castelo e que os bons velhos definhavam como indigentes numa pequena cidade da província.

Que faz então esse caçula que, tratado tão duramente por seus pais, tinha ido tentar a fortuna bem longe? Ele lhes envia ajuda e se apressa em colocar em ordem seus negócios. Retorna rico, reconduz seus pais a seu antigo domicílio, casa suas irmãs. Ah! meu caro Rameau, esse homem considerava esse período como o mais feliz de sua vida. Falava-me disso com lágrimas nos olhos e eu, ao te relatar esse fato, sinto meu coração se conturbar de alegria e o prazer me tolher a palavra.

Ele – Vocês são seres bem singulares!

Eu – E vocês são seres que devem ser lastimados, se não imaginarem que é possível elevar-se acima do destino e que é impossível ser infeliz ao abrigo de duas belas ações como estas.

....

(38) Trata-se do clamoroso caso da família Calas, cujo chefe foi supliciado até a morte, em 1762, por intolerância religiosa. A reabilitação da família ocorreu em 1765. O fato levou Voltaire a escrever a obra Tratado sobre a *Tolerância*, já publicado nesta coleção.

Ele – Aí está uma felicidade com a qual eu teria dificuldade em me familiarizar, pois raramente é encontrada. Mas, segundo sua opinião, seria necessário ser gente honesta?

Eu – Para ser feliz? Certamente.

Ele – Entretanto, vejo uma infinidade de gente honesta que não é feliz e uma infinidade de gente que é feliz sem ser honesta.

Eu – É o que te parece.

Ele – E não é por ter tido senso comum e franqueza por um momento que agora não sei onde vou jantar esta noite?

Eu – Só o que faltava! É precisamente por não ter tido sempre. É por não ter compreendido bem antes que é preciso primeiramente arranjar recursos para se livrar da servidão.

Ele – Livrar-se ou não, os recursos que consegui eram pelo menos os mais fáceis.

Eu – E os menos seguros e menos honestos.

Ele – Mas os mais conformes com meu caráter de vagabundo, de tolo e de velhaco.

Eu – Concordo.

Ele – Visto que posso construir minha felicidade por vícios que me são naturais, que adquiri sem trabalho, que conservo sem esforço, que se adaptam com os costumes de minha nação, que são do gosto daqueles que me protegem e mais parecidos com suas pequenas necessidades particulares do que com virtudes que os incomodariam, acusando-os de manhã à noite, seria muito estranho que eu começasse a me atormentar como uma alma condenada para me deformar e me tornar diferente do que sou, para me conferir um caráter estranho ao meu, qualidades muito estimáveis – concordo só para não discutir – mas que custariam muito para adquirir, praticar, que não me levariam a nada, talvez a pior que nada, pela sátira contínua dos ricos junto dos quais os mendigos como eu têm de ganhar a vida. Elogia-se a virtude, mas ela é odiada, dela se foge, ela gela de frio e, neste mundo, é preciso ter os pés quentes. Além disso, ficaria de mau humor, infalivelmente; de fato, por que vemos tão frequentemente os devotos tão duros, tão irritados, tão insociáveis? Porque se impuseram uma tarefa que não lhes é natural.

Sofrem, e quem sofre faz os outros sofrer. Isso não é de minha conta, nem daquela de meus protetores. É preciso que eu seja alegre, flexível, simpático, bufão, engraçado.

A virtude se faz respeitar e o respeito é incômodo. A virtude se faz admirar e a admiração não é divertida. Lido com pessoas que se irritam e devo fazê-las rir. Ora, é o ridículo e a loucura que fazem rir; é preciso, portanto, que eu seja ridículo e louco; mesmo que a natureza não me tivesse feito assim, o mais cômodo seria aparentar sê-lo.

Felizmente não preciso ser hipócrita; já há tantos, de todas as cores, sem contar aqueles que o são consigo mesmos. Esse cavaleiro La Morlière que dobra as abas de seu chapéu sobre suas orelhas, que ergue a cabeça aos ventos, que te olha por cima dos ombros ao passar, que traz uma longa espada batendo em sua coxa, que tem o insulto sempre pronto para aquele que não carrega uma e que parece lançar um desafio a todos os recém-vindos, que faz ele?

Tudo o que pode para se persuadir que é um homem corajoso, embora seja um covarde. Dê-lhe uma bofetada na ponta do nariz e ficará quieto. Quer fazê-lo baixar o tom da voz? Eleve o seu.

Mostre-lhe sua bengala ou dê-lhe um pontapé no traseiro; completamente transtornado ao perceber que é um covarde, lhe perguntará quem o contou a você, como sabe? Ele mesmo o ignorava momentos antes.

Havia-se imposto uma longa e habitual imitação de bravura. Tanto havia fingido que acabara acreditando na coisa.

E aquela mulher que se mortifica, que visita as prisões, que assiste a todas as assembleias de caridade, que anda cabisbaixa, que não ousaria olhar um homem no rosto, que está sem cessar em guarda contra a sedução dos sentidos; tudo isso impede que seu coração arda, que suspiros lhe escapem, que seu temperamento se acenda, que os desejos a obsedem e que sua imaginação lhe faça rever, dia e noite, as cenas do *Porteiro dos Cartuxos*, as *Posições do Aretino*[39]?

....

(39) Duas obras pornográficas célebres: a primeira é de 1744; a segunda é uma série de ilustrações feitas para uma das obras de Pietro Aretino (1492-1556), escritor que descreveu a licenciosidade e a prostituição que invadia a sociedade de sua época.

Então, o que lhe acontece? Que vai pensar sua camareira ao ter de levantar de camisola e correr em socorro de sua patroa que desfalece? Justine, volte para a cama! Não é por você que a patroa clama em seu delírio. E o amigo Rameau, se um dia se metesse a desprezar a fortuna, as mulheres, a boa mesa, a ociosidade, a ser austero, que seria? Um hipócrita.

É preciso que Rameau seja o que é: um salteador feliz no meio dos salteadores opulentos e não um fanfarrão de virtudes ou mesmo um homem virtuoso, roendo sua crosta de pão, sozinho ou ao lado de outros mendigos. E para cortar rente, não me acomodo à sua felicidade, nem à felicidade de alguns visionários como você.

Eu – Vejo, meu caro, que ignoras o que ela realmente é e que não foste feito para vivê-la.

Ele – Tanto melhor, pelos diabos! Tanto melhor. Isso me faria morrer de fome, de tédio e de remorsos, talvez.

Eu – Depois disso, o único conselho que posso te dar é o de voltar bem depressa à casa de onde imprudentemente te fizeste expulsar.

Ele – E fazer o que você não desaprova no próprio e que me repugna um pouco no figurado?

Eu – É meu parecer.

Ele – Independentemente dessa metáfora que neste momento me desagrada e que poderá não me desagradar em outro.

Eu – Que coisa singular!

Ele – Não há nada de singular nisso. Quero mesmo ser abjeto, mas quero que isso ocorra sem constrangimento. Quero realmente descer de minha dignidade... Você ri?

Eu – Sim, tua dignidade me faz rir.

Ele – Cada um na sua. Quero realmente esquecer a minha, mas à minha discrição e não por ordem de outrem. É preciso que possam me dizer "rasteja" para que eu seja obrigado a rastejar? É a marcha do verme, é meu passo; vamos caminhando ambos desse jeito, sempre que nos deixam caminhar, mas nos levantamos quando nos pisam no rabo. Quando pisarem no meu rabo, me levanto.

E depois, não faz ideia da barafunda existente. Imagine um melancólico e enfadonho personagem, devorado por vapores, enrolado em duas ou três voltas de roupão, que se desagrada a si mesmo e a quem tudo desagrada; que mal se consegue fazer sorrir, mesmo contorcendo o corpo e o espírito de mil maneiras diferentes; que considera friamente as caretas engraçadas de meu rosto e aquelas de meu juízo, ainda mais engraçadas; pois, cá entre nós, esse padre Noël[40], esse desagradável beneditino, tão famoso por suas caretas, apesar de seus sucessos na corte, não é perto de mim, sem me vangloriar nem gabá-lo, senão um polichinelo de madeira.

É em vão que me atormente para alcançar o sublime dos hospícios. Vai rir? Não vai rir? É isso que sou obrigado a me perguntar no meio de minhas contorções.

Pode imaginar quanto essa incerteza prejudica o talento. Meu hipocondríaco, a cabeça enfiada numa touca de dormir que cobre os olhos, tem o ar de um pagode[41] imóvel em cujo queixo se teria amarrado um fio que descia e passava sob sua poltrona. Espera-se que o fio se estique, mas não se estica; ou se a mandíbula se entreabre, é para articular uma palavra desoladora, uma palavra que informa que não foste notado e que todas as tuas macaquices foram inúteis; essa palavra é a resposta a uma pergunta que lhe fizeste quatro dias antes; ao dizer essa palavra, a mola mastoideana se distende e a mandíbula se fecha...

A seguir, se pôs a imitar o homem. Acomodou-se numa cadeira, cabeça fixa, chapéu enfiado até as pálpebras, olhos semicerrados, braços pendentes, remexendo a mandíbula como um autômato e dizendo:

— "Sim, você tem razão, senhorita. É preciso acrescentar-lhe fineza." É isso que decide, que decide sempre e sem apelação, de noite, de manhã, no banho, no almoço, no café, no jogo, no teatro, no jantar, na cama e, Deus me perdoe, até nos braços de sua

....

(40) Fabricante de instrumentos óticos, amigo do rei; recusou-se a colaborar na Enciclopédia.

(41) Boneco de porcelana, geralmente de cabeça móvel.

amante. Não estou em condições de ouvir essas últimas decisões, mas estou diabolicamente cansado das outras. Triste, obscuro e categórico como o destino; assim é nosso patrão. Defronte está uma mulher afetada que se dá importância, que se poderia considerá-la bela, porque ainda o é, embora tenha no rosto algumas espinhas, aqui e acolá, e que comece a competir com o peso da senhora Bouvillon[42]. Gosto das carnes quando são belas, mas assim já é demais; e o movimento é essencial à matéria! *Item* 1 – é mais maldosa, mais altiva e mais besta que uma gansa; *item* 2 – quer ser espirituosa; *item* 3 – é preciso persuadi-la que se acredita nela como em ninguém; *item* 4 – não sabe nada, mas decide também; *item* 5 – é preciso aplaudir suas decisões com pés e mãos, saltar de alegria, estremecer de admiração: isso é lindo, delicado, bem dito, visto com fineza, singularmente sentido. De onde as mulheres tiram isso? Sem estudo, apenas pela força do instinto, unicamente pela luz natural – realmente isso é um prodígio!

E depois que venham nos dizer que a experiência, o estudo, a reflexão, a educação têm alguma coisa a ver com isso e outras tolices semelhantes; chorar de alegria; dez vezes por dia curvar-se, um joelho dobrado na frente, a outra perna espichada para trás; os braços estendidos para a deusa, procurar seu desejo nos olhos, ficar suspenso a seus lábios, esperar sua ordem e partir como um raio.

Quem pode sujeitar-se a semelhante papel, a não ser o miserável que aí encontra, duas ou três vezes por semana, com que acalmar a atribulação de seus intestinos?

Que pensar dos outros, tais como Palissot, Fréron, os Poinsenets, Baculard[43] que possuem alguma coisa e cujas baixezas não podem ser escusadas pelo borborigmo de um estômago que sofre?

---

[42] Personagem (de "trinta quintais de carne") do Roman Comique de Paul Scarron (1610-1660).

[43] Baculard d'Arnaud (1718-1805), autor de grande sucesso com seus escritos sobre terror.

Eu – Nunca teria acreditado que fosses tão difícil.

Ele – Não o sou. No começo via os outros fazerem e eu fazia como eles, até mesmo um pouco melhor, porque sou mais francamente desavergonhado, melhor comediante, mais esfomeado, provido de melhores pulmões. Aparentemente descendo em linha reta do famoso Stentor[44].

E para me dar uma exata ideia da força dessa víscera, se pôs a tossir com tamanha violência que chegou a abalar os vidros do café e a desviar a atenção dos jogadores de xadrez.

Eu – Mas para serve esse talento?

Ele – Não adivinha?

Eu – Não. Sou um tanto limitado.

Ele – Imagine uma discussão em andamento e a vitória incerta: eu me levanto e, desdobrando meu trovão, digo: "É como a senhorita o afirma. Isto sim é saber julgar. Desafio a qualquer um de todos os nossos brilhantes espíritos a igualá-la. A expressão é de um gênio." Mas não se deve aprovar sempre da mesma maneira. Seria monótono. Teria a aparência de falso. Tornar-se-ia insípido. Só se escapa disso pelo juízo, pela fecundidade: é preciso saber preparar e colocar esses tons maiores e peremptórios, captar a ocasião e o momento; por exemplo, quando há divisão de sentimentos, atingindo a discussão seu último grau de violência, ninguém mais se entende, todos falam ao mesmo tempo, é preciso colocar-se à distância, no ângulo do apartamento mais afastado do campo de batalha, ter preparado a explosão por um longo silêncio e cair subitamente como uma bomba no meio dos contendores. Ninguém jamais dominou essa arte como eu.

Mas é precisamente na oposta que sou surpreendente; tenho pequenos tons que faço acompanhar de um sorriso; uma variedade infinita de expressões faciais aprovadoras, colocando em jogo o nariz, a boca, a testa, os olhos; tenho flexibilidade na altura dos

---

(44) Stentor ou Estentor, herói mitológico grego (que teria participado do cerco de Troia) que gritava com voz tão potente, equivalente ao grito de 50 homens.

rins, um jeito de contorcer a espinha dorsal, de levantar ou abaixar os ombros, de esticar os dedos, de inclinar a cabeça, de fechar os olhos e de ficar estupefato como se tivesse ouvido descer do céu uma voz angélica e divina. É isso que me lisonjeia.

Não sei se você consegue captar toda a energia dessa última atitude. Não a inventei, mas ninguém conseguiu me superar na execução. Veja, veja.

Eu – É verdade, isso é único.

Ele – Acredita que haja cérebro de mulher um tanto estouvada que resista a isso?

Eu – Não. Deve-se convir que levaste o talento de criar loucos e de se aviltar tão longe quanto possível.

Ele – Todos quantos quiserem tentarão em vão; nunca chegarão até onde cheguei. O melhor deles, por exemplo Palissot, nunca será mais que um bom aluno. Mas se esse papel diverte de início e se desfrutamos de algum prazer em zombar intimamente da idiotice daqueles que alegramos, a longo prazo isso não excita mais; além do mais, depois de um certo número de descobertas, somos forçados a nos repetir. O espírito e a arte têm seus limites. Somente para Deus e para alguns gênios raros é que a carreira se prolonga à medida que avançam. Bouret talvez seja um deles. Há alguns traços dele que chegam a produzir em mim, sim em mim, as ideias mais sublimes. O cãozinho, o *Livro da Felicidade*, as tochas na estrada de Versalhes[45] são coisas que me confundem e me humilham. São coisas que poderiam me levar até a me aborrecer de meu ofício.

Eu – Que queres dizer com teu cachorrinho?

Ele – De onde você vem? Como? É sério que ignora como esse homem raro agiu para separar-se de um cãozinho e concedê-lo ao administrador dos Correios que dele gostava?

....

(45) Bouret era tesoureiro da Casa real e também especulador, mas para Diderot era sobretudo mecenas dos inimigos dos filósofos. Numa das visitas do rei a Bouret, a cada vinte passos ao longo do caminho havia um homem com uma tocha e um livro, cujo título era *Le Vrai Bonheur* e cujo texto único, repetido em cada uma de suas cinquenta páginas, era "O rei visitou Bouret".

Eu – Confesso que o ignoro.

Ele – Tanto melhor. É uma das coisas mais belas que já foram imaginadas. Toda a Europa ficou maravilhada e não há cortesão que não tenha ficado com inveja. Você que não carece de sagacidade, vejamos como se sairia em seu lugar. Imagine que Bouret era amado por seu cão.

Imagine que a roupa esquisita do ministro assustava o pequeno animal. Imagine que só havia oito dias para vencer as dificuldades. É preciso conhecer todas as situações do caso para avaliar bem o mérito da solução. E então?

Eu – E então devo confessar que nesse domínio as coisas mais fáceis me embaraçariam.

Ele – Escute – *me disse, dando-me um tapinha nas costas, pois é muito familiar* – escute e admire. Mandou fazer uma máscara parecida com o administrador dos Correios, pede emprestada a um camareiro a volumosa toga. Cobre o rosto com a máscara, veste a toga, chama seu cão, acaricia-o e lhe dá um biscoito. Depois, de repente, mudando de decoração, não é mais o administrado dos Correios, é Bouret que chama seu cão e o chicoteia. Em menos de dois ou três dias com esse exercício continuado, de manhã à noite, o cão sabe fugir de Bouret, fiscal geral de impostos, e correr para Bouret, administrador dos Correios. Mas sou muito bom. Você é um profano que não merece ser informado dos milagres que se operam a seu lado.

Eu – Apesar disso, peço-te, o livro, as tochas?

Ele – Não, não. Consulte as pedras que lhe contarão essas coisas e aproveite a circunstância que nos aproximou para aprender coisas que ninguém sabe, a não ser eu.

Eu – Tens razão.

Ele – Pedir emprestada a toga e a peruca, tinha esquecido a peruca, do guarda dos Sigilos! Mandar fazer uma máscara que se assemelhe a ele! Foi a máscara sobretudo que me deixou zonzo. Por isso esse homem goza da mais elevada consideração. Por isso possui milhões. Há muitos da cruz de São Luís[46] que não têm pão; então, por que correr atrás da cruz, com o risco de se arruinar, e não se voltar para uma posição sem perigos que jamais deixa de oferecer recompensas? Isso é realmente o que se pode chamar de subir na vida. Os outros modelos são desencorajadores, levam a gente a ter dó de si e a entediar-se. A máscara! A máscara! Daria um de meus dedos para ter inventado a máscara.

Eu – Mas com esse entusiasmo pelas belas coisas e essa fertilidade de gênio que possuis, será que não inventaste nada?

Ele – Perdão; por exemplo, a atitude admirativa da espinha contorcida de que lhe falei, eu a considero como minha, embora possa talvez ser contestada por invejosos.

Acredito realmente que já havia sido usada antes, mas quem descobriu como era cômoda para rir às custas do impertinente que era admirado? Tenho mais de cem maneiras de iniciar a sedução de uma jovem, ao lado de sua mãe, sem que esta perceba, e consigo até mesmo torná-la cúmplice. Mal havia entrado na carreira e já desdenhava todas as maneiras vulgares de passar um bilhete amoroso.

Tenho dez meios para que alguém consiga arrancá-lo de mim e, entre esses meios, ouso vangloriar-me que há alguns novos. Possuo sobretudo o talento de encorajar um jovem tímido; fiz com que tivessem sucesso alguns que não possuíam espírito nem porte físico. Se tudo isso fosse escrito, creio que me atribuiriam algum gênio.

Eu – Certamente te confeririam uma honra singular.

Ele – Não duvido.

Eu – Em teu lugar, lançaria essas coisas no papel. Seria uma pena que se perdessem.

Ele – É verdade, mas você não suspeita como faço pouco caso de método e de preceitos. Aquele que tiver necessidade de um formulário nunca irá longe.

Os gênios leem pouco, praticam muito e se fazem por si próprios. Veja César, Turenne, Vauban, a marquesa de Tencin[47], seu irmão o cardeal e o secretário deste, o padre Trublet. E Bouret?

....

(46) Ordem militar criada por Luís XIV.
(47) A marquesa de Tencin (1682-1749) mantinha um local para encontros literários que se tornou célebre; D'Alembert era seu filho natural; seu irmão se tornou arcebispo de Lyon em 1740.

Ninguém. É a natureza que forma os homens raros. Acredita que a história do cão e da máscara esteja escrita em algum lugar?

Eu – Mas em tuas horas perdidas, quando a angústia de teu estômago vazio ou a fadiga de teu estômago sobrecarregado afasta o sono...

Ele – Pensarei nisto. É melhor escrever grandes coisas do que realizar pequenas. Então a alma se eleva, a imaginação se aquece, se inflama e se expande, enquanto se retrai espantada, ficando junto da pequena Hus, com os aplausos que esse público tolo se obstina em prodigalizar a essa afetada Dangeville[48], que representa de forma tão sem graça, que anda quase curvada em duas no palco, que tem a afetação de olhar continuamente nos olhos daquele a quem fala e de representar atrás do pano, que acha suas próprias caretas como algo cheio de estilo e seu trotezinho como cheio de graça; a aplaudir essa enfática Clairon que é mais magra, mais pretensiosa, mais estudada, mais afetada do que se poderia supor. Essa plateia imbecil as aplaude com estrépito e não percebe que nós somos[49] um pelotão da arte da diversão; é verdade que o pelotão cresce aos poucos, mas que importa?

Nós temos a pele mais bela, os olhos mais lindos, o bico mais bonito, poucas entranhas na verdade, um andar que não é leve, mas que também não é tão desajeitado como se diz. Em contrapartida, não há nenhuma que nos supere nos sentimentos.

Eu – Como podes dizer tudo isso? É ironia ou verdade?

Ele – O mal é que esse diabo de sentimento fica todo por dentro e não transpira nenhum clarão para fora. Mas eu que lhe falo sei e sei muito bem que ele o tem. Se não é precisamente isso, é qualquer coisa parecida.

É preciso ver, quando o mau humor nos afeta, como tratamos os criados, como as camareiras são esbofeteadas, como enchemos

---

(48) Diderot apreciava o talento dessa atriz da Comédia francesa.

(49) É a senhorita Hus quem fala; em 1762 desempenhou um papel de grande sucesso em *Le Comte d'Essex;* ela se compara às outras atrizes que são aplaudidas.

de pontapés as *Parties Casuelles*⁽⁵⁰⁾ por pouco que se afastem do respeito que nos é devido. É um diabinho, lhe digo, cheio de sentimento e de dignidade... Mais essa, agora, que deve tê-lo deixado desnorteado, não é?

Eu – Confesso que não saberia distinguir se é de boa-fé ou com maldade que falas. Sou um homem simples; por favor, fala comigo de modo mais claro e deixa de lado tua arte.

Ele – O que falamos da Dangeville e da Clairon é o que na realidade queremos debitar à pequena Hus; misturamos aqui e acolá algumas palavras que possam levá-lo a captar o real sentido. Consinto que me tome por um velhaco, mas não por um tolo, pois somente um tolo ou um homem perdido de amores poderia dizer com toda a seriedade tantas impertinências.

Eu – Mas como se decide a dizê-las?

Ele – Isso não acontece de repente, mas pouco a pouco se chega a tanto. *Ingenii largitor venter*⁽⁵¹⁾.

Eu – É preciso estar morto de fome.

Ele – É possível. entretanto, por mais fortes que minhas palavras lhe pareçam, creia que aqueles a quem são endereçadas estão bem acostumados a ouvi-las do que nós a arriscá-las.

Eu – Será que há alguém que tenha a coragem de compartilhar tua opinião?

Ele – Que quer dizer com alguém? É a opinião e a linguagem de toda a sociedade.

Eu – Aqueles dentre vocês que não forem grandes velhacos devem ser grandes tolos.

Ele – Tolos eles? Juro que há um só; é aquele que nos alicia, dando-nos os meios de iludi-lo.

....

(50) Referência a Bertin, tomado em sua qualidade de tesoureiro da Casa Real; subsiste um duplo sentido em "Parties Casuelles" que, no sentido próprio, indicavam os direitos do rei sobre um cargo que passava de um titular a outro.

(51) "O ventre é instigador do espírito, da inteligência" – verso do poeta satírico latino Pérsio (séc. I d.C.).

Eu – Mas como há quem se deixe iludir tão grosseiramente? Porque, afinal, a superioridade dos talentos da Dangeville e da Clairon é coisa decidida.

Ele – Engolimos com a goela escancarada a mentira que nos lisonjeia e bebemos gota a gota uma verdade que nos é amarga. Além do mais, assumimos um ar tão compenetrado, tão verdadeiro!

Eu – Acho, no entanto, que já pecaste alguma vez contra os princípios da arte e que por descuido já deixaste escapar algumas dessas verdades amargas que ferem, pois, a despeito do papel miserável, abjeto, vil, abominável que representas, acredito que, no fundo, tens a alma delicada.

Ele – Eu, de jeito nenhum! Que o diabo me carregue se eu souber no fundo o que sou. Em geral tenho o espírito redondo como uma bola e o caráter franco como o vime; jamais falso, por pouco interesse que tenha em ser verdadeiro; jamais verdadeiro, por pouco interesse que tenha em ser falso. Digo as coisas como me vêm; sensatas, tanto melhor; impertinentes, ninguém se importa. Uso plenamente meu modo franco de falar. Em minha vida nunca pensei antes de falar, nem ao falar, nem depois de ter falado. Por isso não ofendo ninguém.

Eu – Isso ocorreu, contudo, com as pessoas honestas com quem convivias e que te tratavam com toda a bondade.

Ele – Que quer? Foi uma desgraça, um mau momento, como há tantos na vida. Não há felicidade contínua; eu estava muito bem. Isso não podia durar. Como sabe, temos a mais numerosa e a mais seleta companhia. É uma escola de humanidade, a renovação da antiga hospitalidade. Todos os poetas que caem, nós os acolhemos. Tivemos Palissot, depois de sua *Zara*[52]; Bret, depois de *Falsos Generosos*[53]; todos os músicos desacreditados; todos os autores que ninguém lê; todas as atrizes vaiadas; todos os atores vaiados; um monte de pobres envergonhados, parasitas incômodos, à cuja testa tenho a

---

(52) Primeira tragédia de Palissot (1730-1814 – inimigo dos filósofos iluministas), retirada de cartaz após três apresentações (1751), por seu rotundo fracasso.

(53) Peça de Bret (outro adversário dos enciclopedistas) retirada de cartaz depois de cinco apresentações (em 1758).

honra de estar, bravo chefe de uma tropa tímida. Sou eu que os exorto a comer na primeira vez que vêm; sou eu que peço de beber para eles. Ocupam tão pouco espaço! Alguns jovens esfarrapados que não sabem onde bater a cabeça, mas que têm um belo porte; outros, celerados que adulam o patrão e o adormecem, a fim de se aproveitar, depois dele, da patroa. Parecemos alegres, mas no fundo todos temos mau humor e um grande apetite. Os lobos não são mais famintos nem os tigres são mais cruéis. Devoramos como lobos depois que a terra ficou longo tempo coberta de neve; dilaceramos como tigres tudo o que tem sucesso. Algumas vezes os baderneiros Bertin, Montsauge e Villemorien se reúnem; é então que uma bela algazarra toma conta do pátio. Nunca se viu tanto bicho triste, rabugento, malfeitor e enfurecido.

Só se ouvem os nomes de Buffon, de Duclos, de Montesquieu, de Rousseau, de Voltaire, de D'Alembert, de Diderot e Deus sabe de que epítetos vêm acompanhados. Só terá espírito quem for tolo como nós. Foi ali que o plano da comédia dos *Filósofos*[54] foi concebido. A cena do fofoqueiro foi ideia minha, baseada em *Teologia à moda da Roca*[55]. Nela você não é poupado mais que qualquer outro.

Eu – Tanto melhor. Talvez me honrem mais do que mereço. Sentir-me-ia humilhado se aqueles que falam mal de tantas pessoas hábeis e honestas resolvessem falar bem de mim.

Ele – Somos muitos e é preciso que cada um pague sua cota. Depois do sacrifício dos grandes animais, imolamos os outros.

Eu – Insultar a ciência e a virtude para viver, esse é realmente pão bem caro.

Ele – Já lhe disse que somos inconsequentes. Injuriamos todo mundo e não afligimos ninguém. Temos às vezes entre nós o pesado padre D'Olivet, o gordo padre Le Blanc, o hipócrita Batteux[56]. O padre gordo só é maldoso antes de comer. Depois do café, joga-se numa poltrona, com os pés apoiados na beirada da lareira e

---

(54) Comédia de Palissot, atacando os filósofos iluministas.

(55) Trata-se da comédia do jesuíta Bougeant, escrita em 1731, e cujo título real é *La Femme Docteur ou la Théologie janséniste tombée en quenouille*.

(56) Adversários dos filósofos iluministas.

adormece como um velho papagaio no poleiro. Se a algazarra se torna violenta, ele boceja, estica os braços, esfrega os olhos e diz: "Ora, pois, que é? Que é?" – Trata-se de saber se Piron[57] tem mais espírito que Voltaire. – Entendamo-nos. Falam de espírito? Não se trata de gosto, pois em questão de gosto Piron não se engana. – Não se engana? – Não. – E então embarcamos numa dissertação sobre o gosto. Nesse momento o patrão faz um gesto com a mão, pois em matéria de gosto se gaba de ser o tal. "O gosto – disse... – o gosto é uma coisa..." Palavra de honra, não sei que coisa dizia que era, nem ele tampouco. Algumas vezes temos entre nós o amigo Robbé que nos presenteia com seus contos cínicos, com milagres de convulsionários[58] de que foi testemunha ocular e com alguns cantos de seu poema sobre um assunto que conhece a fundo.

Odeio seus versos, mas gosto de ouvi-lo recitar. Tem o ar de um energúmeno. Todos gritam em torno dele: "Esse é o que se pode chamar de poeta!" Entre nós, esse tipo de poesia não passa de uma balbúrdia de todos os tipos de barulhos confusos, uma tagarelice bárbara dos habitantes da torre de Babel.

Vem até nós também um certo simplório de ar insosso e besta, mas que tem espírito como um demônio e que é mais malicioso que um macaco velho; é uma dessas figuras que provocam gracejos e zombarias e que Deus criou para corrigir as pessoas que julgam pelo semblante e para quem o espelho lhes deveria ensinar que é tão fácil ser um homem de espírito e ter a aparência de tolo como esconder um tolo sob uma fisionomia espirituosa. É uma covardia muito frequente imolar um bom homem para a diversão dos outros. Nunca deixamos de nos dirigir a este. É uma peça que pregamos aos recém-vindos e não vi realmente um só que não tenha caído nela.

....

(57) Alexis Piron (1684-1773), poeta, que rivalizava com Voltaire em ironia, autor de epigramas e amigo de Rameau.

(58) Místicos que entravam em convulsão sobre o túmulo do diácono jansenista Páris, no cemitério de Saint-Médard.

Algumas vezes fiquei surpreso com a exatidão das observações desse louco sobre os homens e seus caracteres. E eu demonstrava minha surpresa.

Ele – É que – me disse – se tira partido da má companhia como da libertinagem. A perda da inocência é compensada pela perda dos preconceitos. Na sociedade dos maus, onde o vício se mostra sem máscara, aprende-se a conhecê-los. Além disso, já li um pouco.

Eu – Que leste?

Ele – Li, leio e releio sem cessar Teofrasto, La Bruyère e Molière[59].

Eu – São excelentes livros.

Ele – São melhores do que se pensa, mas quem sabe lê-los?

Eu – Todos, conforme a capacidade de seu espírito.

Ele – Quase ninguém. Poderia me dizer o que se procura neles?

Eu – Divertimento e instrução.

Ele – Mas que instrução? Aí está o ponto.

Eu – O conhecimento dos próprios deveres, o amor da virtude e o ódio do vício.

Ele – Eu, neles aprendo tudo o que se deve fazer e tudo o que não se deve dizer. Assim, quando leio o *Avarento*, digo a mim mesmo: "Sê avarento, se quiseres, mas guarda-te de falar como o avarento." Quando leio *Tartufo*, digo: "Sê hipócrita, se quiseres, mas não fales como o hipócrita. Guarda vícios que te são úteis, mas não tenhas deles nem o tom nem as aparências que te tornariam ridículo." Para se proteger desse tom, dessas aparências, é preciso conhecê-los.

Ora, esses autores fizeram deles descrições excelentes. Eu sou eu e permaneço o que sou, mas ajo e falo como convém. Não sou desses tipos que desprezam os moralistas. Há muito a aproveitar, sobretudo com aqueles que puseram a moral em ação. O vício só fere os homens ocasionalmente. As características aparentes do vício os ferem de manhã à noite. Talvez fosse preferível ser um insolente do que ter sua fisionomia. O insolente de caráter não insulta senão de tempos em tempos; o insolente de fisionomia insulta sempre. De resto, não imagine que eu seja o único leitor de minha espécie.

Não tenho outro mérito aqui senão de ter feito por sistema, por retidão de espírito, por uma visão razoável e verdadeira, o que a maioria dos outros faz por instinto. Em decorrência disso suas leituras não os tornam melhores do que eu, mas permanecem ridículos a despeito deles, enquanto eu o sou somente quando quero e por isso os deixo distantes atrás de mim, pois a mesma arte que me ensina a fugir do ridículo em certas ocasiões me ensina também em outras a assumi-lo com superioridade.

Lembro-me então de tudo o que os outros disseram, de tudo o que li e acrescento tudo o que sai de meu cabedal, que nesse gênero é de uma fecundidade surpreendente.

Eu – Fizeste bem em me revelar esses mistérios, caso contrário teria acreditado que caías em contradição.

Ele – Nela não caio não, pois por uma vez que se tenha de evitar o ridículo felizmente há mil outros em que é preciso abraçá-lo. Não há melhor papel junto dos grandes do que aquele de louco.

Por muito tempo houve o título de louco do rei; em nenhum momento houve o título de sábio do rei. Eu pessoalmente sou o louco de Bertin e de muitos outros, talvez o teu neste momento; ou talvez você, o meu. Aquele que fosse sábio não teria um louco.

Aquele, portanto, que tem um louco não é sábio; se não é sábio, é louco; e talvez, se fosse rei, seria o louco de seu louco. De resto, lembre-se de que, num assunto tão variável como o dos costumes, não há nada que seja absoluta, essencial e geralmente verdadeiro ou falso, mas que se deve ser aquilo que o interesse quer que alguém seja; bom ou mau, sábio ou louco, decente ou ridículo, honesto ou vicioso. Se porventura a virtude tivesse conduzido à fortuna, eu teria sido virtuoso ou teria simulado a virtude como outro qualquer.

....

(59) Teofrasto (372-288 a.C.), filósofo grego; entre outras obras, escreveu *Caracteres*, traduzida para o francês por Jean de La Bruyère (1645-1696) que, por sua vez, publicou outro livro de grande sucesso, igualmente intitulado *Caracteres* (já publicado nesta coleção da Editora Escala); finalmente, Jean-Baptiste Poquelin, dito Molière (1622-1673), dramaturgo, autor de inúmeras peças teatrais e comédias, duas das quais são citadas por Diderot logo a seguir (*O Avarento* e *Tartufo*).

Quiseram que eu fosse ridículo e eu me fiz ridículo; cheio de vícios, só a natureza paga a conta. Quando digo cheio de vícios é para falar sua língua, pois, se viéssemos a nos explicar, poderia ocorrer que você chamasse vício o que chamo virtude e virtude, o que chamo vício.

Temos também os autores da Ópera Cômica, seus atores e suas atrizes e, na maioria das vezes, seus empresários, Corby, Moette[60]... todas pessoas de recursos e de mérito superior! E esquecia os grandes críticos literários: *L'Avant-Coureur, Les petites Affiches, L'Année littéraire, L'Observateur littéraire, Le Censeur hebdomadaire*, e toda a súcia de comentaristas[61].

Eu – *L'Année littéraire, L'Observateur littéraire*. Não é possível. Eles se detestam.

Ele – É verdade. Mas todos os mendigos se reconciliam ao redor da mesma gamela. Maldito *Observateur littéraire*. Que o diabo o tivesse carregado, ele e suas folhas. É esse cachorro de padreco avarento, fedorento e usurário que é a causa de meu desastre. Apareceu em nosso horizonte pela primeira vez ontem. Chegou na hora em que saímos todos de nossos abrigos, na hora do almoço. Quando o tempo está ruim, feliz daquele entre nós que tem uma moeda de vinte e quatro tostões no bolso.

Feliz daquele que pode caçoar de seu confrade que tinha chegado de manhã enlameado até a espinha e molhado até os ossos e que retorna à noite no mesmo estado. Houve um, já não sei qual, que teve alguns meses atrás uma briga violenta com o saboiano que se instalara à nossa porta; tinham uma conta conjunta; o credor exigiu que seu devedor a liquidasse, mas este não tinha recursos. Servem a mesa e são feitas as honras ao padre, que é colocado na cabeceira.

Entro e percebo. "Como, padre, lhe digo, o senhor preside? Por hoje está muito bem assim, mas amanhã o senhor vai descer, por favor, um prato; depois de amanhã, outro prato e assim, de prato em

----

(60) Diderot é irônico, pois esses dois empresários quase levaram a Ópera-Cômica à falência.

(61) Diderot cita jornais e folhetins e alude a jornalistas geralmente hostis aos enciclopedistas.

prato, tanto à direita como à esquerda, até o lugar que ocupei uma vez antes do senhor, Fréron uma vez depois de mim, Dorat[62] uma vez depois de Fréron, Palissot uma vez depois de Dorat, até permanecer estacionário a meu lado, pobre coitado como o senhor, que *siedo sempre come un maestoso cazzo fra due coglioni*"[63]. O padre, que é um bom sujeito e que leva tudo pelo melhor, se pôs a rir.

A senhorita, tocada pela verdade de minha observação e da precisão de minha comparação, se pôs a rir; todos aqueles que estavam sentados à direita e à esquerda do padre e que por causa dele haviam baixado de um posto se puseram a rir; todos riram, exceto o patrão que se irrita e me diz coisas que não teriam a menor importância, se estivéssemos a sós: "Rameau, és um impertinente.

– Sei disso e foi nessa condição que me recebeste. – Um patife. – Como qualquer outro. – Um mendigo. – Estaria aqui se não o fosse? – Vou expulsá-lo daqui. – Depois da refeição irei por minha própria conta. – Assim te aconselho." Comemos; não perdi nada do que se passava.

Depois de ter comido bem e bebido à vontade, pois, no final das contas, as coisas não teriam ficado melhor nem pior e messer Gaster[64] é um personagem com quem nunca me desentendi, tomei minha decisão e me dispunha a ir embora.

Tinha empenhado minha palavra na presença de tanta gente que precisava realmente mantê-la. Fiquei um tempo considerável rodando pelo apartamento, procurando minha bengala e meu chapéu onde não estavam e contando sempre que o patrão explodisse numa nova torrente de injúrias, que alguém interferisse e que terminássemos por nos acomodar novamente à força de tanto nos irritarmos. Girava e regirava, pois não tinha nada no coração; mas o patrão estava mais

....

[62] Dorat (1734-1780) se opunha aos filósofos iluministas com pequenos e esporádicos ataques.

[63] Frase italiana que significa "sento sempre como um majestoso pênis entre dois colhões".

[64] Messer Gaster quer dizer Senhor Ventre e relembra um personagem da obra *Pantagruel* de Rabelais.

sombrio que o Apolo de Homero quando atirava suas flechas contra o exército grego, com seu gorro ainda mais enfiado que de costume, passeando de um lado para outro com a mão no queixo.

A senhorita se aproxima de mim. – "Mas senhorita, que há de extraordinário? Fui diferente hoje do que costumo ser? – Quero que ele saia. – Vou sair, não faltei de respeito com ele. – Perdoa-me; o padre é convidado e... – Foi ele que falhou ao convidar o padre, ao me receber e comigo tantos outros mendigos como eu. – Vamos, meu pequeno Rameau; é preciso pedir perdão ao padre. – Não tenho o que fazer com seu perdão... – Vamos, vamos, tudo vai se apaziguar..." Tomam-me pela mão e me arrastam até a poltrona do padre.

Estendo os braços, contemplo o padre com uma espécie de admiração, pois quem já não pediu perdão a um padre? "Padre, lhe digo; padre, tudo isso é bem ridículo, não é verdade?" E logo me ponho a rir e o padre também. Eis-me, pois, desculpado deste lado, mas era preciso abordar o outro e o que tinha a lhe dizer já eram outros quinhentos. Não lembro mais muito bem como arranjei minha desculpa... "Senhor, aqui está o louco. – Há muito tempo que me decepciona; não quero mais ouvir falar. – Está irritado. – Sim, estou muito irritado. – Isso não vai mais acontecer. – O primeiro patife que encontrar." Não sei se estava num desses dias de mau humor, nos quais a senhorita receia aproximar-se dele e só ousa tocá-lo com suas luvas de veludo ou se ele entendeu mal o que eu dizia ou se não falei como devia; foi pior que antes.

Que diabo! Será que não me conhece? Será que não sabe que sou como criança e que há circunstâncias em que deixo escapar tudo por baixo? E depois creio, Deus me perdoe, que não teria um momento de sossego. Usariam um fantoche de aço para puxar o cordão da campainha de manhã à noite e da noite à manhã. É preciso que eu os desentedie, é a condição; mas é preciso que me divirta algumas vezes.

No meio dessa enrascada me passou pela cabeça um pensamento funesto, um pensamento que me encheu de arrogância, um pensamento que me inspirou altivez e insolência: pensamento de que não poderiam passar sem mim, de que eu era um homem essencial.

Eu – Sim, creio que és muito útil para eles, mas eles o são ainda mais para ti. Não encontrarás outra vez, quando quiseres, uma casa tão boa como essa, mas eles, para um louco que lhes falta encontrarão outros cem.

Ele – Cem loucos como eu? Senhor filósofo, não são tão comuns. Encontrarão sim, loucos chatos. É mais difícil mostrar tolice do que talento ou virtude. Sou raro em minha espécie, sim, muito raro. Agora que não me têm mais, que vão fazer? Aborrecem-se como cães. Eu sou um saco inesgotável de impertinências. A cada momento eu tinha uma piada que os fazia morrer de rir; para eles, eu era o hospício inteiro.

Eu – Mas também tinhas mesa, cama, casaca, outras roupas, calçados e um dinheiro por mês.

Ele – Esse era o lado bom, o benefício. Mas as tarefas? Você nada diz delas. Em primeiro lugar, quando havia um rumor sobre uma nova peça de teatro, fosse qual fosse o tempo, era preciso remexer em todos os sótãos de Paris até encontrar o autor; arranjar a leitura da obra e insinuar habilmente que havia um papel que poderia ser magistralmente representado por alguém de minhas relações. "– E por quem, por favor? – Por quem? Bela pergunta! Pela graça, pela gentileza, pela fineza. – Queres dizer a senhorita Dangeville? Por acaso a conheces? – Sim, um pouco, mas não é ela. – Quem então?"

Eu dizia o nome baixinho. "Ela! – Sim, ela", repetia um pouco envergonhado, pois algumas vezes tenho pudor; e quando o nome era repetido, precisava ver como o rosto do poeta se alongava, mas outras vezes como me batia na cara.

Entretanto, de bom ou mau grado, era preciso que levasse o homem a jantar e ele que receava empenhar-se, mostrava mau humor, agradecia. Era preciso ver como eu era tratado quando não tinha sucesso em minha negociação: eu era um grosseiro, um tolo, um bronco, não prestava para nada, não valia o copo de água que me davam.

Era muito pior quando a peça era representada, pois era preciso ir intrepidamente, no meio das vaias de um público que julga bem, digam o que disserem, fazer com que ouvissem meus aplausos isolados, batendo as mãos; atrair os olhares para mim; às vezes livrar a atriz dos assobios, atraindo-os sobre mim, e ouvir cochicharem a meu lado: "É um dos criados disfarçados daquele que dorme com ela; será que esse velhaco não vai se calar?" Ignora-se o que pode levar a isso; acredita-se que é inépcia, quando na realidade é um motivo que desculpa tudo.

Eu – Até a infração das leis civis.

Ele – Finalmente, porém, fiquei conhecido e diziam: "Oh! É Rameau." Meu recurso era gritar algumas palavras irônicas que salvassem do ridículo meu aplauso solitário e mal interpretado. Deve convir que é preciso um poderoso interesse para gritar assim com o público reunido e que cada uma dessas tarefas impostas valia mais que um miserável escudo.

Eu – Por que não pedias maior assistência?

Ele – Também acontecia às vezes e eu tirava proveito disso. Antes de se dirigir ao local do suplício, era preciso carregar a memória com trechos brilhantes, onde era preciso dar o tom. Se porventura os esquecesse ou me enganasse, tinha um terremoto a meu redor; era uma balbúrdia de que não faz ideia.

E depois, havia na casa uma matilha de cães a cuidar; é verdade que eu me havia imposto estupidamente essa tarefa; e gatos que também estavam sob minha superintendência; ficava muito feliz se *Micou* me favorecia com uma unhada que dilacerava meu punho ou minha mão. *Criquette* está sujeita a cólicas; sou eu que esfrego sua barriga. Antigamente a senhorita sofria de gases; hoje sofre dos nervos.

Não falo de outras indisposições leves de que não se constrange diante de mim. Isso passa, aliás, nunca pretendi constranger ninguém. Li, não sei onde, que um príncipe cognominado o Grande ficava às vezes apoiado sobre o encosto da privada de sua amante[65].

Com os familiares fica-se à vontade e nesses dias eu era mais familiar que ninguém. Sou o apóstolo da familiaridade e do bem-estar. Eu lhes dava o exemplo sem que se recorresse à formalidade; bastava que me deixassem agir. Descrevi o patrão. A senhorita começa a tornar-se enfadonha; é preciso ouvir as belas histórias que inventam a respeito dela.

....
(65) Saint-Simon conta realmente que Luís XIV se apoiava na cadeira da senhora Maintenon, mas se tratava da cadeira carregada por homens, tipo liteira..

Eu – Tu não fazes parte desses?

Ele – Por que não?

Eu – Porque é no mínimo indecente ridicularizar seus benfeitores.

Ele – Mas não é pior ainda utilizar os benefícios para aviltar o protegido?

Eu – Mas se o protegido não fosse vil por si próprio, nada haveria de conferir ao protetor essa autoridade.

Ele – Mas se as personagens não fossem ridículas por si próprias, não se inventariam boas histórias. E depois, que culpa tenho eu se se aviltam? Que culpa tenho eu se, depois que se aviltaram, são traídos, caçoados? Quando se decide a viver com gente como nós e se tem senso comum, deve-se estar preparado a não sei quantas tristes adversidades. Quando nos recebem, já não sabem o que somos, almas interesseiras, vis e pérfidas? Se nos conhecem, tudo vai bem.

Há um pacto tácito que nos beneficia e, cedo ou tarde, retribuiremos com um mal o bem que nos tiverem feito. Não é este o pacto que subsiste entre o homem e seu macaco ou seu papagaio? Brun grita em altos brados que Palissot, seu conviva e amigo, compôs coplas contra ele. Palissot deve tê-las escrito e é Brun que leva a culpa.

Poinsinet brada por sua vez que Palissot jogou em suas costas as coplas que havia escrito contra Brun. Palissot deve ter jogado nas costas de Poinsinet as coplas que havia composto contra Brun; e é Poinsinet que leva a culpa. O pequeno padre Rey grita em altos brados que seu amigo Palissot lhe roubou sua amante, a quem o apresentara.

Ora, não se devia introduzir um Palissot em casa de uma amante, a menos que se quisesse perdê-la. Palissot cumpriu seu dever e a culpa é do padre Rey.

O livreiro David grita em altos brados que seu sócio Palissot dormiu ou quis dormir com sua mulher; a mulher do livreiro David grita em altos brados que Palissot deixou crer a quem quisesse que ele tinha dormido com ela; que Palissot tenha ou não dormido com a mulher do livreiro, o que é difícil de decidir, pois a mulher deve ter negado o que acontecera e Palissot deve ter deixado pensar o que não acontecera. Seja como for, Palissot desempenhou seu papel e são, no caso, David e sua mulher que levam a culpa.

Que Helvetius[66] grite em altos brados que Palissot o coloca em cena como um homem desonesto, ele que deve ainda o dinheiro que lhe emprestara para cuidar de sua saúde, para se vestir e se alimentar. Deveria esperar outro procedimento da parte de um homem conspurcado por toda espécie de infâmias; que como passatempo leva seu amigo a abjurar a religião[67]; que se apodera dos bens de seus sócios; que não tem fé nem lei nem sentimento; que corre atrás da fortuna *per fas et nefas*[68]; que conta os dias por suas perversidades; que numa peça teatral se colocou a si próprio como um dos mais perigosos tratantes, descaramento que acredito que não haja exemplo similar no passado nem que deva haver outro igual no futuro?

Não, não é Palissot, mas Helvetius que tem culpa. Se um jovem provinciano for levado ao recinto dos animais de Versalhes e, por tolice, resolve enfiar a mão entre as grades da jaula do tigre ou da pantera, se porventura deixa seu braço na goela do animal feroz, de quem é a culpa? Tudo isso está escrito na pacto tácito. Tanto pior para aquele que o ignora ou o esquece. Como eu poderia justificar por esse pacto universal e sagrado gente que é acusada de maldade, quando deveríamos nos acusar a nós próprios de idiotice! Sim, gorda condessa[69], é sua a culpa, pois a senhora reúne em sua volta aqueles que, pelas pessoas de sua posição, são chamados espécimes e, se esses espécimes cometem vilanias, levam a senhora a cometê-las também e a expõem ao ressentimento das pessoas honestas.

....

(66) Claude-Adrien Helvétius (1715-1771), filósofo, autor da obra *Do Espírito*, na qual expõe seu sistema materialista e anti-religioso. Como mecenas, havia patrocinado o início da carreira literária de Palissot.

(67) Palissot inventa ter encontrado para Poinsinet um emprego de preceptor no palácio de um príncipe da Alemanha e Poinsinet assina uma profissão de fé luterana; Palissot então o leva a crer que com essa abjuração da fé católica está sendo perseguido como renegado, traidor.

(68) Expressão latina que significa "no bem como no mal".

(69) Trata-se da senhora La Marck (ver nota 22).

Estas fazem o que devem e os espécimes também e é a senhora que tem culpa pelo fato de acolhê-los.

Se Bertinhus[70] vivesse doce e pacatamente com sua amante; se, pela honestidade de seus caracteres, tivessem tido o tino de relacionar-se com gente honesta; se tivessem chamado à sua volta homens de talento, conhecidos na sociedade por sua virtude; se tivessem reservado para um pequeno grupo esclarecido e seleto as horas de distração que roubariam à serenidade de estar juntos, de se amar, de se falar no silêncio de seu recanto; acreditariam que tivessem sido inventadas boas ou más histórias sobre eles?

O que lhes aconteceu então? Aquilo que mereceram. Foram punidos por sua imprudência. É a nós que a providência tinha destinado desde toda a eternidade para fazer justiça dos Bertin do momento e são nossos semelhantes dentre nossos sobrinhos que ela destinou para fazer justiça dos Montsauge e dos Bertin do futuro.

Mas enquanto nós executamos seus justos decretos sobre a idiotice, vocês que nos descrevem como somos executam seus justos decretos sobre nós. Que pensariam de nós, se pretendêssemos com nossos costumes vergonhosos gozar da consideração pública?

Como somos insensatos! E aqueles que esperam procedimentos honestos por parte das pessoas nascidas viciadas, de caráter vil e baixo, serão sábios? Tudo tem seu verdadeiro preço neste mundo. Há dois procuradores gerais, um à porta castiga os delitos contra a sociedade. A natureza é o outro. Esta conhece de todos os vícios que escapam das leis. Vocês se entregam à libertinagem com mulheres; ficarão hidrópicos. São devassos; ficarão tuberculosos. Vocês abrem a porta aos bisbilhoteiros e vivem com eles; serão traídos, caçoados e desprezados.

O mais fácil é resignar-se à equidade desses julgamentos e dizer a si mesmo: bem feito; é sacudir a poeira e emendar-se ou permanecer o que se é, mas nas condições descritas há pouco.

Eu – Tens razão.

....
(70) Justaposição dos nomes do casal Bertin e Hus (ver nota 21).

Ele – De resto, eu pessoalmente não inventei nenhuma dessas histórias desagradáveis; fico no meu papel de leva-e-traz. Dizem que há alguns dias, em torno das cinco horas da manhã, foi ouvido um alarido desesperador; todas as campainhas soavam nervosamente; eram os gritos entrecortados e abafados de um homem que está se asfixiando: "Socorro, estou sufocando, estou morrendo..." Esses gritos vinham do apartamento do patrão. Chegam alguns que o socorrem. Nossa gorda criatura, com a cabeça desvairada, que estava fora de si, que não via enxergava mais, como acontece nesses momentos, continuava pressionando seu movimento, se elevava sobre as duas mãos e do mais alto que pudesse alcançar deixava cair sobre os papéis dos impostos um peso de duzentas a trezentas libras, animado pela extrema rapidez que o furor do prazer confere. Foi muito difícil tirá-lo dessa situação. Que diabos de fantasia pode ter um pequeno martelo para se pôr sob uma pesada bigorna?

Eu – És um libertino. Vamos falar de outra coisa. Desde que começamos a conversar, tenho uma pergunta na ponta da língua.

Ele – Por que a segurou tanto tempo?

Eu – Temia que fosse indiscreta.

Ele – Depois daquilo que acabo de lhe revelar, ignoro que segredo poderia ainda ter para você.

Eu – Não podes desconfiar do julgamento que faço de teu caráter.

Ele – De modo algum. Sou a seus olhos um ser muito abjeto, desprezível e o sou também algumas vezes para os meus, mas raramente. Na maioria das vezes me felicito de meus vícios em vez de me recriminar por causa deles. Você é mais constante em seu desprezo.

Eu – É verdade, mas por que me mostras toda a tua torpeza?

Ele – Primeiro, porque você conhece uma boa parte dela e porque via que tinha mais a ganhar do que a perder ao lhe contar o resto.

Eu – Como, por favor?

Ele – Se há um gênero em que é importante ser sublime, é precisamente no mal. Cospe-se no gatuno, mas não se pode recusar certa consideração a um grande criminoso. Sua coragem causa espanto, sua atrocidade arrepia, estima-se sobremodo sua coerência de caráter.

Eu – Mas tu não possuis ainda essa estimável coerência de caráter. De vez em quando observo que ainda vacilas em teus princípios. Não se tem certeza se tua maldade provém da natureza ou do estudo e se o estudo te levou tão longe quanto possível.

Ele – Concordo, mas me empenhei nisso o melhor que pude. Não tive a modéstia de reconhecer que existem outros mais perfeitos que eu? Não lhe falei de Bouret com a mais profunda admiração? Bouret é o maior homem do mundo a meu ver.

Eu – Mas imediatamente depois de Bouret és tu?

Ele – Não.

Eu – Então é Palissot?

Ele – É Palissot, mas não sozinho.

Eu – E quem pode ser digno de ocupar o segundo lugar com ele?

Ele – O renegado de Avignon[71].

Eu – Nunca ouvi falar desse renegado de Avignon, mas deve ser um homem bem espantoso.

Ele – Se é.

Eu – A história dos grandes personagens sempre me interessou.

Ele – Acredito. Esse renegado vivia em casa de um desses bons e honestos descendentes de Abraão, prometidos ao pai dos crentes em número igual ao das estrelas.

Eu – Em casa de um judeu?

Ele – Em casa de um judeu, em quem havia despertado primeiramente a comiseração, depois a benevolência e por fim a mais completa confiança. É sempre assim que acontece. Contamos tanto em nossos benefícios que raramente escondemos nosso segredo àquele que cumulamos com nossa bondade. Como impedir que haja ingratos, se expomos o homem à tentação de sê-lo impunemente? Reflexão justa que nosso judeu não fez.

....

(71) O relato que se segue relembra que em Avignon (a cidade dos Papas de 1309 a 1376) a Inquisição subsistiu até 1789. Até essa data, todos os judeus dessa cidade deviam professar o cristianismo e um cristão era considerado renegado ou traidor se professasse o judaísmo.

Confiou, pois, ao renegado que não podia, em consciência, comer carne de porco. Vai ver que partido um espírito fecundo soube tirar dessa confissão.

Passaram-se alguns meses, durante os quais nosso renegado redobrou de apego. Quando julgou que seu judeu já estivesse bem impressionado, bem cativado, bem convencido por seu desvelo que não possuía melhor amigo que ele em todas as tribos de Israel...

Admira a circunspecção desse homem. Não se apressa. Deixa a pêra amadurecer antes de sacudir o galho. Muita ânsia teria posto a perder seu projeto. Geralmente a grandeza de caráter resulta do equilíbrio natural de várias qualidades opostas.

Eu – Deixa de lado tuas reflexões e continua a história.

Ele – Não é possível. Há dias em que é preciso que eu reflita. É uma doença que se deve deixar correr seu curso. Onde estava?

Eu – Na intimidade bem estabelecida entre o judeu e o renegado.

Ele – Então, a pera estava madura... Mas você não me escuta. Em que está pensando?

Eu – Penso nas desigualdades de teu tom; ora alto, ora baixo.

Ele – Será que o tom de um homem cheio de vícios pode ser único? – Uma noite, chega à casa do bom amigo com o ar assustado, a voz entrecortada, o rosto pálido como a morte, totalmente trêmulo. – "Que tens? – Estamos perdidos. – Perdidos, como? – Perdidos, repito, perdidos e sem remédio. – Explica-te. – Um momento, deixe me recompor do susto. – Vamos, fique calmo", lhe disse o judeu. Devia ter-lhe dito: "És um velhaco de primeira; não sei o que queres me contar, mas és um patife completo, te fazes de aterrorizado."

Eu – E por que lhe deveria falar assim?

Ele – Porque era falso e tinha passado das medidas. Isso é claro para mim e não me interrompa mais. – "Estamos perdidos, perdidos e sem remédio." Será que não percebe a afetação desses *perdidos* repetidos? "Um traidor nos entregou à santa Inquisição, o senhor como judeu e eu, como renegado, como um infame renegado."

Vê como o traidor sequer enrubesceu ao se servir das mais odiosas expressões. É preciso mais do que coragem para chamar-se pelo próprio nome. Não pode imaginar como custa chegar a isso.

Eu – Não, com certeza. Mas esse infame renegado...

Ele – É falso, mas de uma falsidade muito sagaz.

O judeu se assusta, arranca as barbas, rola pelo chão. Já vê os esbirros à porta, se vê enfiado num sambenito, vê seu auto-de-fé preparado. "Meu amigo, meu terno amigo, meu único amigo, que atitude tomar... – Que atitude tomar? Mostrar-se, fingir suprema segurança, portar-se como de costume. O procedimento desse tribunal é secreto, mas lento. É preciso aproveitar-se de toda essa demora para vender tudo. Vou alugar ou mandar alugar por um terceiro um barco.

Sim, por um terceiro será melhor. Nele depositaremos sua fortuna, pois é principalmente sua fortuna que eles querem, e iremos, você e eu, procurar sob outro céu a liberdade para servir nosso Deus e seguir em segurança a lei de Abraão e de nossa consciência.

O mais importante, na situação perigosa em que nos encontramos, é não cometer imprudências." Dito e feito. O barco é alugado, provido de víveres e de marinheiros. A fortuna do judeu está a bordo. No dia seguinte, ao despontar da aurora, despregarão as velas. Podem jantar alegremente e dormir com segurança. No dia seguinte vão escapar de seus perseguidores. Durante a noite, o renegado se levanta, despoja o judeu de sua carteira, de sua bolsa e de suas joias; corre a bordo e lá se vai ele.

E você acha que isso é tudo? Bom, vejo que você não deu com a coisa. Quando me contaram esta história, eu logo adivinhei aquilo que agora não lhe falei para avaliar sua sagacidade. Você fez bem em se conservar honesto, do contrário não passaria de um velhaco sem futuro. Até aqui o renegado é apenas isso: um malandro desprezível com quem ninguém gostaria de se parecer. O sublime de sua maldade está em ter sido ele próprio o delator de seu bom amigo israelita, preso pela santa Inquisição ao despertar e que, poucos dias depois, se transformou numa bela fogueira.

Foi assim que o renegado se tornou o tranquilo possuidor da fortuna do descendente maldito daqueles que crucificaram Nosso Senhor.

Eu – Não sei o que mais me causa horror, se a perfídia de teu renegado ou o tom com que falas dele.

Ele – Era justamente o que lhe dizia. A atrocidade da ação o leva para além do desprezo; e essa é a razão de minha sinceridade. Quis que você conhecesse até que ponto me sobressaio em minha arte; arrancar-lhe a confissão de que sou pelo menos original em meu aviltamento, colocar-me em sua cabeça no rol dos grandes patifes e gritar em seguida: "*Vivat Mascarillus, fourbum imperator!*"[72] Vamos, alegria, senhor filósofo! Coro! *Vivat Mascarillus, fourbum imperator!*"

E em seguida, se põe a cantarolar um canto em fuga, realmente singular. Ora a melodia era grave e cheia de majestade, ora leve e divertida; num momento imitava o baixo, em outro, uma das partes do tenor; com seu braço e com sons alongados me indicava os trechos de sustenidos; executava e compunha por si próprio um canto de triunfo. Podia-se observar que entendia mais de boa música do que de bons costumes. Eu pessoalmente não sabia se devia ficar ou fugir, rir ou me indignar. Acabei ficando, com o propósito de desviar a conversa para algum assunto que expulsasse de minha alma o horror que a invadia. Começava a suportar com dificuldade a presença de um homem que discutia uma ação horrível, um crime execrável, como um especialista em pintura ou em poesia examina as belezas de uma obra de gosto ou como um moralista ou um historiador ressalta e faz brilhar as circunstâncias de uma ação heroica. Tornei-me sombrio malgrado eu próprio. Ele percebeu e me disse:

Ele – Que é que você tem? Não está se sentindo bem?

Eu – Um pouco, mas vai passar.

Ele – Tem o ar inquieto de um homem atormentado por alguma ideia desagradável.

....
(72) Frase extraída do livro *L'Etourdi*, II, 8, de Molière. Embora com elementos latinos, a frase reflete uma construção latinizada com elementos não-latinos e significa "Viva Mascarilo, imperador dos espertos, dos trapaceiros".

Eu – É isso.

Depois de um momento de silêncio de ambas as partes, durante o qual ele andava de um lado a outro assobiando e cantando, para trazê-lo de volta a seu talento, eu lhe disse:

– Que fazes agora?

Ele – Nada.

Eu – Isso é realmente fatigante.

Ele – Já era suficientemente idiota e ainda fui ouvir essa música de Duni[73] e de nossos jovens compositores; isso acabou comigo.

Eu – Então aprovas esse gênero.

Ele – Sem dúvida.

Eu – E encontras beleza nesses novos cantos?

Ele – Se encontro! Evidentemente, confesso. Como tudo é declamado! Que verdade! Que expressão!

Eu – Toda arte de imitação tem seu modelo na natureza. Qual é o modelo do músico quando compõe um canto?

Ele – Por que não começar num patamar mais elevado? O que é um canto?

Eu – Confesso que essa questão está acima de minhas forças. Somos todos assim. Temos na memória somente palavras que acreditamos compreender pelo uso corrente e a própria aplicação que fazemos delas, mas no espírito só temos noções vagas. Quando pronuncio o vocábulo *canto*, não tenho noções mais claras que você e que a maioria de seus pares ao pronunciarem os vocábulos reputação, censura, honra, vício, virtude, pudor, decência, vergonha, ridículo.

Ele – O canto é uma imitação por meio dos sons de uma escala inventada pela arte ou inspirada pela natureza, como melhor lhe aprouver, pela voz ou pelo instrumento, dos ruídos físicos ou dos acentos da paixão; e observe que, mudando aqui e acolá o que for preciso, a definição se aplicaria exatamente à pintura, à eloquência, à escultura e à poesia. Agora, voltando à sua pergunta, qual é o modelo do músico ou do canto?

A declamação, se o modelo é vivo e pensante; o ruído, se o modelo é inanimado. Deve-se considerar a declamação como uma linha e o canto como uma segunda linha que serpenteia sobre a primeira. Quanto mais forte e verdadeira for essa declamação, mais o canto que a ela se conforma a cortará em numerosos pontos; quanto mais verdadeiro o canto, tanto mais belo. Foi o que sentiram muito bem nossos jovens músicos. Quando se ouve dizer *Sou um pobre diabo*, acredita-se reconhecer a queixa de um avarento; se não cantasse, falaria no mesmo tom à terra, ao lhe confiar seu ouro e lhe dizer: *Ó terra, recebe meu tesouro*. E a menina que sente seu coração palpitar, que cora, que se perturba e que suplica a seu senhor de deixá-la partir, poderia exprimir-se de outro modo? Nessas obras há todo tipo de caracteres, uma variedade infinita de declamações. É sublime, sou eu que lhe digo. Vá, vá ouvir o trecho em que o jovem, que sente que vai morrer, grita: *Meu coração está partindo*. Escute o canto, escute a sinfonia e depois me dirá qual a diferença entre as verdadeiras vozes de um moribundo e a forma desse canto. Verá se a linha da melodia não coincide inteiramente com a linha da declamação. Não falo do compasso que é também uma das condições do canto; atenho-me à expressão e não há nada de mais evidente que a seguinte passagem que li em algum lugar: *musicae seminarium accentus*.

O acento é a sementeira da música. Por aí pode julgar a dificuldade e a importância de saber compor um bom recitativo. Não há uma bela ária da qual não se possa fazer um belo recitativo e não há belo recitativo do qual um homem hábil não consiga tirar uma bela ária. Não quero garantir que aquele que recita bem cantará bem, mas ficaria surpreso se aquele que canta bem não soubesse recitar bem. Pode crer tudo o que lhe disse a respeito, pois é verdade.

Eu – Era só o que faltava não acreditar em ti, mas estou intrigado com um pequeno inconveniente.

Ele – Que inconveniente?

Eu – É que, se essa música é sublime, então aquela do divino Lulli, de Campra, de Destouches, de Mouret[74] e até mesmo, seja dito entre nós, a do caro tio seja um pouco chata.

....

(74) Jean-Baptiste Lulli (1632-1687), André Campra (1660-1744), André Cardinal Destouches (1672-1749), Jean-Joseph Mouret (1682-1738), como também Rameau, foram os músicos e compositores de ponta da escola francesa dos séculos XVII e XVIII, mas pouco apreciados pelos filósofos iluministas.

Aproximando-se de meu ouvido, respondeu:

Ele — Não gostaria de ser ouvido, pois aqui há muita gente que me conhece. É isso mesmo. Não que eu me preocupe com meu caro tio, porque me custa caro. É uma pedra. Poderia ver-me de língua totalmente de fora que não me daria um copo de água. Mas é em vão que se dedica a compor suas oitavas, suas sétimas, *hon, hon, hin, hin, tu, tu, tu, turelututu*, com uma confusão dos diabos; aqueles que começam a se inteirar do assunto e que não tomam barulho por música nunca aceitarão isso. Dever-se-ia proibir com uma ordem policial que qualquer pessoa, não importando sua posição ou condição, cantasse o *Stabat* de Pergolese. Dever-se-ia mandar um carrasco queimar esse *Stabat*. Palavra de honra, esses malditos bufões, com suas *Serva Padrona, Tracollo*[75] nos deram um rude pontapé na bunda. Outrora, um *Tancredo*, uma *Isseia*, uma *Europa Galante*, as *Índias*, *Castor*, os *Talentos Líricos*[76] ficavam quatro, cinco, seis meses em cartaz. *Armida*[77] tinha apresentações que não acabavam mais. Hoje, caem uns sobre os outros como castelos de cartas. Rebel e Francoeur[78] jogam lenha na fogueira.

Dizem que tudo está perdido, que estão arruinados e que, se for tolerada por mais tempo essa canalha de cantores da Feira[79], a música nacional vai para os quintos dos infernos e à Academia Real sem saída[80] só lhe resta fechar as portas. Realmente há alguma verdade nisso. As velhas perucas que há trinta ou quarenta anos aparecem no local todas as sextas-feiras, em vez de se divertir como faziam no passado, se aborrecem e bocejam sem mesmo saber porquê. Mesmo

....

(75) Duas óperas de Pergolese (1710-1736); os músicos italianos da ópera-cômica haviam chegado em Paris entre 1752 e 1754, provocando uma clara divisão entre os partidários da tradição francesa e os aficionados da nova música italiana.

(76) Na ordem, obras de Campra, Destouches, Campra e Rameau (as três últimas).

(77) Tragédia musical de Philippe Quinault (1635-1688), poeta, e Lulli, música, composta em 1686 e de grande aceitação do público na década de 1760.

(78) Diretores de Ópera entre 1757 e 1767.

(79) Na Feira de Saint-Laurent surgira um novo teatro que apresentava peças e óperas-cômicas.

(80) O prédio da Ópera ficava no Palais-Royal, num beco sem saída.

se se perguntassem, não saberiam responder. Por que não perguntam a mim? A predição de Duni se cumprirá. Do jeito que a coisa vai, quero morrer se em quatro a cinco anos, a contar de *Peintre amoureux de son Modèle*[81], houver ainda um gato pingado no célebre beco.

Os bons músicos renunciaram a suas sinfonias para tocar aquelas italianas. Pensaram que poderiam entregar seus ouvidos a essas sem consequências para sua música vocal, como se a sinfonia não estivesse para o canto, com um pouco de libertinagem inspirada pela extensão do instrumento e pela mobilidade dos dedos, como o canto está para a declamação real.

Como se o violino não fosse o imitador do cantor que um dia, quando o difícil substituir o belo, se tornará o imitador do violino. O primeiro que executou Locatelli foi o apóstolo da nova música.

Vão dizer isso a outros. Porventura irão nos acostumar à imitação dos tons da paixão ou dos fenômenos da natureza pelo canto e pela voz, pelo instrumento, pois nisso reside toda a extensão do objeto da música, e nós vamos conservar nosso gosto pelos voos, pelas glórias, pelos triunfos, pelas vitórias? *Vai ver se estão vindo, João.*

Imaginaram que haveriam de chorar ou rir nas cenas musicadas de tragédia ou de comédia; que levariam a seus ouvidos as inflexões de furor, de ódio, de ciúmes, as verdadeiras queixas de amor, as ironias, as graças do teatro italiano ou francês; e, apesar de tudo, haveriam de permanecer admiradores de *Ragonda* e de *Plateia*[82].

Respondo: era só o que faltava, pon, pon; que eles haveriam de sentir continuamente com que facilidade, com que flexibilidade, com que doçura a harmonia, a prosódia, as elipses, as inversões da língua italiana se prestavam à arte, ao movimento, à expressão, às modulações do canto e ao valor medido dos sons, enquanto haveriam de continuar a ignorar como a sua é rude, surda, pesada, maçante, pedante e monótona. Sim, sim!

....

(81) Um grande sucesso de Duni no ano de 1758.
(82) Les amours de Ragonde, comédia lírica de Mouret de 1742 é reapresentada em 1773, mas considerada fora de moda; Platée ou Junon jalouse é um balé-cômico de Rameau.

Persuadiram-se de que, depois de haver misturado suas lágrimas com os prantos de uma mãe desolada pela morte do filho, depois de ter tremido com a ordem de um tirano para perpetrar um assassinato, não se aborreceriam com sua própria mágica, com sua insípida mitologia, com seus pequenos madrigais adocicados que deixam transparecer mais a miséria da arte que os aceita do que o mau gosto do poeta.

Pobre gente! Isso não existe e não pode ser!

O verdadeiro, o bom, o belo têm seus direitos. Podem ser contestados, mas acaba-se por admirá-los.

O que não é assinalado nesse local pode ser admirado por um tempo, mas acaba-se bocejando.

Bocejem, pois, senhores, bocejem à vontade! Sem cerimônia!

O império da natureza e de minha trindade, contra a qual as portas do inferno não prevalecerão jamais, se estabelece suavemente; o verdadeiro é o Pai que gera o Filho, que é o bom, do qual procede o belo, que é o Espírito Santo.

O deus estrangeiro se coloca humildemente no altar ao lado do ídolo do país; aos poucos se consolida; um belo dia dá uma cotovelada em seu companheiro e, pampum!, lá está o ídolo no chão.

Dizem que foi assim que os jesuítas difundiram o cristianismo na China e na Índia. E os jansenistas podem dizer o que quiserem, mas esse método político que visa seu objetivo sem alarde, sem efusão de sangue, sem martírio, sem arrancar um fio de cabelo, me parece que ainda é o melhor.

Eu – Não deixa de haver certa razão em tudo o que dizes.

Ele – Certa razão! Tanto melhor. Quero que o diabo me carregue, se me importo com razão ou não. Isso flui como me vem. Sou como os músicos do beco sem saída quando meu tio apareceu; se acerto no que digo é que um carvoeiro falará sempre melhor de seu ofício que uma academia inteiro e que todos os Duhamel[83] do mundo.

....
(83) Duhamel de Monceau (1709-1782), agrônomo, da Academia de Ciências, publicou manuais técnicos, entre os quais, *Arte do Carvoeiro*.

Em seguida, começa a caminhar de um lado para outro, cantarolando com sons guturais algumas das árias da Île des Fous, do Peintre amoureux de son Modèle, do Maréchal Ferrant, da Plaideuse e, de vez em quando, exclamava, levantando as mãos e os olhos para os céus:

— Se isso é bonito! Com a breca! Se isso é belo! Como se pode trazer na cabeça um par de orelhas e fazer semelhante pergunta?

Passava a entrar como que em transe e cantarolava baixinho. Elevava o tom à medida que a comoção se apoderava dele; em seguida vieram os gestos, as caretas e as contorções do corpo. Digo para mim mesmo: "Bom, aí vai ele, perde a cabeça, prepara uma nova cena." De fato, deixa escapar numa explosão de voz:

— Sou um pobre miserável... Senhor, senhor, deixe-me partir... Ó terra, recebe meu ouro; guarda bem meu tesouro... Minha alma, minha alma, minha vida! Ó terra... Aí está o amiguinho, aí está o amiguinho! — *Aspettare e non venire... A Zerbina penserete... Sempre in contrasti con te si sta...*

Amontoava e embrulhava trinta árias, italianas, francesas, trágicas, cômicas, de toda espécie; ora com uma voz de baixo, descia até os infernos, ora esganiçando e arremedando o falsete, rasgava as notas altas da ária, imitando o andar, o porte e o gesto dos diferentes cantores, sucessivamente furioso, abrandado, imperioso, zombeteiro.

Aqui é uma jovem que chora e ele imita toda a sua denguice; lá é o padre, o rei, o tirano, ele ameaça, comando, se exalta; é o escravo e obedece. Ele se apazigua, se desola, se queixa, ri; nunca sai do tom, do compasso, do sentido das palavras e do caráter da ária.

Todos os jogadores de palitos tinham deixado seus tabuleiros e se haviam agrupado em torno dele. As janelas do café estavam ocupadas por fora pelos passantes que se haviam detido por causa do barulho. Gargalhadas ecoavam dando a impressão que fariam ruir o teto.

Ele nada percebia; continuava, tomado por uma alienação do espírito, de um entusiasmo tão próximo da loucura, que não era

85

certo que voltasse ao normal e que talvez fosse necessário jogá-lo numa carruagem e levá-lo direto para o hospício.

Cantando um fragmento das Lamentações de Jommelli[84], repetia com uma precisão, uma verdade e um calor incríveis os mais belos trechos de cada fração; esse belo recitativo em que o profeta pinta a desolação de Jerusalém foi regado com uma torrente de lágrimas que ele conseguia arrancar de todos os olhos.

Tudo era emocionante, tanto a delicadeza do canto, como a força da expressão e a dor.

Insistia nos trechos em que o músico se havia particularmente mostrado um grande mestre; se deixava a parte do canto, era para tomar aquela dos instrumentos que deixava subitamente para retornar à voz, entrelaçando uma e outra, de forma a conservar as ligações, a unidade do todo; apoderando-se de nossas almas e mantendo-as suspensas na situação mais singular que jamais experimentei...

Eu o admirava? Sim, o admirava!

Estava emocionado? Sim, estava emocionado, mas uma nuance de ridículo se misturava a esses sentimentos e os desnaturava.

Mas vocês haveriam de dar livre curso às gargalhadas ao ver a maneira pela qual imitava os diferentes instrumentos. Com as bochechas cheias e estufadas e um som rouco e sombrio imitava as trombetas e os baixos; emitia um som estridente e nasalado para os oboés; precipitava sua voz com uma rapidez incrível para os instrumentos de corda, procurando imitar os sons deles; assobiava para produzir os sons dos flautins; arrulhava para aqueles das flautas, gritando, cantando, remexendo-se como um condenado; fazendo sozinho os dançarinos, as dançarinas, os cantores, as cantoras, toda uma orquestra, todo um teatro lírico, dividindo-se em vinte papéis diferentes, correndo, parando, com o ar de um energúmeno, faiscando os olhos, espumando pela boca.

Fazia um calor infernal e o suor, seguindo as rugas da testa e descendo por suas faces, se misturava com o pó de seus cabelos, escorria e sulcava a gola de sua casaca. O que não o vi fazer? Chorava, ria,

....
(84) Niccolò Jommelli (1714-1774), compositor italiano de música sacra.

suspirava; passeava os olhos ora enternecido, ora tranquilo, ora furioso; era uma mulher que sentia espasmos de dor; era um infeliz entregue inteiramente a seu desespero; um templo que se ergue; pássaros que calam ao pôr-do-sol; águas que murmuram num lugar solitário ou que descem em torrentes do alto das montanhas; um furacão; uma tempestade, a queixa daqueles que vão perecer, misturada com o silvar dos ventos, com o estrondo do trovão; era a noite com suas trevas; era a sombra e o silêncio, pois o silêncio se descreve com sons.

Sua cabeça estava totalmente perdida. Esgotado de fadiga, como um homem que acorda de um profundo sono ou de uma longa distração; ficou imóvel, estúpido, estupefato. Voltava seus olhares em torno de si como um homem perdido que procura reconhecer o local em que se encontra. Esperava o retorno de suas forças e de seus espíritos; enxugava maquinalmente seu rosto. Como aquele que ao despertar visse seu leito cercado por grande número de pessoas, num total esquecimento ou numa profunda ignorância do que havia feito, exclamou no primeiro momento:

– Pois bem, senhores, o que há? De onde vêm seus risos e sua surpresa? O que há?

Em seguida acrescentou:

– Aí está o que se deve chamar de música e de músico. Entretanto, senhores, não se deve desprezar certos trechos de Lulli. Desafio quem possa fazer melhor a cena "Ah! Eu te esperarei", sem mudar as palavras.

Não se deve desprezar alguns trechos de Campra, as árias para violino de meu tio, suas gavotas, suas entradas de soldados, de padres, de sacrificadores... "Pálidas tochas, noite mais assustadora que as trevas... Deuses do Tártaro, Deus do esquecimento."

Nesse instante, impostava sua voz, sustentava os sons, os vizinhos assomavam às janelas e nós metíamos os dedos nos ouvidos. Acrescentava:

– É aqui que é preciso ter pulmões, um grande órgão, um volume de ar. Mas há pouco, adeus Assunção; a Quaresma e o dia dos Reis já passaram. Não sabem ainda o que pôr em música nem, por conseguinte, o que convém ao músico. A poesia lírica ainda está para nascer. Mas conseguirão, à força de ouvir Pergolese, Saxon, Terradoglias, Traetta[85] e outros; à força de ler Metastasio[86], terão de conseguir.

Eu – Como, será que Quinault, La Motte, Fontenelle[87] não compreenderam nada?

Ele – Não, com relação ao estilo novo. Não há seis versos seguidos em todos os seus encantadores poemas que possam ser musicados. São sentenças engenhosas, madrigais leves, ternos e delicados, mas para assinalar como são desprovidos de recursos para nossa arte, basta mandar recitar esses trechos, mesmo o mais violento de todos, sem excetuar aquele de Demóstenes, e verá como são frios, lânguidos, monótonos.

Não há nada neles que possa servir de modelo para o canto. Preferiria musicar as *Máximas* de La Rochefoucauld ou os *Pensamentos* de Pascal. O grito animal da paixão é que deve ditar a linha que nos convém.

É preciso que essas expressões fiquem prensadas umas nas outras; é preciso que a frase seja curta; que o sentido delas seja cortado, suspenso; que o músico possa dispor do todo e de cada uma de suas partes; omitir uma palavra ou repeti-la; acrescentar uma que esteja faltando; virá-la e revirá-la como um pólipo, sem destruí-la; tudo isso torna a poesia lírica francesa muito mais difícil que nas línguas com inversões, as quais já apresentam por si todas essas vantagens... *"Bárbaro, cruel, crava teu punhal em meu peito. Eis-me pronta a receber o golpe fatal. Crava. Ousa... Ah, enlangueço, morro... Um fogo secreto se acende em seus sentidos... Cruel amor, que queres de mim?... Deixa-me a doce paz que desfrutei... Devolve-me a razão..."*

É preciso que as paixões sejam fortes; a ternura do músico e do poeta lírico deve ser extrema. A ária é quase sempre a peroração da cena. Precisamos de exclamações, de interjeições, de suspensões, de

---

(85) Saxon ou Johann Adolf Hasse (1699-1783), compositor alemão; D. Terradellas, de Barcelona; T. Traetta: três compositores de óperas da escola italiana do século XVIII.

(86) Pseudônimo de Pietro Trapassi (1698-1782), poeta, autor de tragédias que vários compositores, entre eles Mozart, musicaram. Metastasio era admirado pelos filósofos iluministas.

(87) Autores franceses de libretos para ópera.

interrupções, de afirmações, de negações; chamamos, invocamos, gritamos, gememos, choramos, rimos francamente.

Nada de espírito, nada de epigramas, nada desses belos pensamentos. Estão longe demais da simples natureza. Ora, não vão acreditar que o jogo dos atores no teatro e sua declamação possam nos servir de modelo. Fora! Precisamos de algo mais enérgico, menos manobrado, mais verdadeiro. Quanto mais a língua for monótona e menos enfática, tanto mais sentiremos necessidade de discursos simples, das vozes comuns da paixão.

O grito animal ou do homem apaixonado confere à língua o que ela não possui de per si.

Enquanto me falava desse modo, a multidão que nos cercava, não entendendo nada ou demonstrando pouco interesse ao que ele dizia, porque geralmente a criança como o homem e o homem como a criança prefere se divertir do que se instruir, a multidão portanto se afastou. Cada um voltou a seu jogo e nós ficamos sozinhos em nosso canto. Sentado numa banqueta, a cabeça apoiada na parede, os braços caídos, os olhos semicerrados, me diz:

– Não sei o que tenho. Quando cheguei estava alegre e disposto; e aqui estou agora moído, quebrado como se tivesse andado dez milhas. Fiquei assim subitamente.

Eu – Queres refrescar-te?

Ele – Com prazer. Sinto-me rouco. As forças me faltam e sinto algumas dores no peito. isso me acontece quase todos os dias, sem que eu saiba porquê.

Eu – Que queres?

Ele – O que lhe agradar. Não sou difícil. A indigência me ensinou a adaptar-se a tudo.

Servem-nos cerveja e limonada. Ele enche um grande copo que esvazia duas ou três vezes seguidas. Depois, como um homem reanimado, tosse fortemente, se remexe e retoma:

– Mas segundo seu parecer, senhor filósofo, não é uma esquisitice bem estranha que um italiano, um Duni venha nos ensinar como conferir ritmo à nossa música, como sujeitar nosso canto a todos os movimentos, a todos os compassos, a todos os intervalos, a todas as declamações, sem ferir a prosódia? E no entanto não era coisa de outro mundo.

Qualquer um que tivesse escutado um mendigo pedindo esmola na rua, um homem tomado pela cólera, uma mulher ciumenta e furiosa, um amante desesperado, sim, um bajulador adoçando o tom, arrastando as sílabas com voz melosa, numa palavra, uma paixão, não importa qual, contanto que por sua energia pudesse servir de modelo para o músico, teria percebido duas coisas: a primeira, que as sílabas, longas ou breves, não têm nenhuma duração fixa e não há até mesmo relação determinada entre suas durações; a segunda, que a paixão dispõe da prosódia como lhe aprouver, executando os maiores intervalos e que aquele que grita do fundo de sua dor "Ah! desgraçado que sou!", eleva a sílaba da exclamação ao tom mais alto e mais agudo e abaixa as outras aos tons mais graves e mais baixos, fazendo a oitava ou mesmo um intervalo maior e dando a cada som a quantidade que convém ao feitio da melodia, sem ferir o ouvido, sem que a sílaba longa nem a sílaba breve tenham conservado o comprimento ou a brevidade do discurso tranquilo.

Que caminho já trilhamos desde a época em que citávamos os parêntesis da *Armida*, de *O Vencedor de Renaud, se alguém o pode ser*, a *Obedeçamos sem vacilar*, das *Índias Galantes*, como prodígios de declamação musical! Hoje, esses prodígios me fazem dar de ombros com piedade.

Da maneira como a arte avança, não sei onde haverá de chegar. Esperando, vamos tomar um trago!

Bebe dois, três, sem saber o que fazia. Ia se afogar, como se havia esgotado antes, sem perceber, se eu não tivesse deslocado a garrafa que ele procurava maquinalmente. Então eu lhe disse:

Eu – Como é possível que com um tato tão fino, uma sensibilidade tão grande para as belezas da arte musical sejas tão cego para as belas coisas da moral, tão insensível aos encantos da virtude?

Ele – Aparentemente porque não há para elas um sentido que não tenho, uma fibra que não me foi dada, uma fibra que é tão frouxa que é inútil dedilhar porque não vibra; ou talvez porque sempre tenha vivido com bons músicos e com pessoas ruins; disso decorre que meu ouvido se tornou muito aguçado e meu coração se tornou surdo. E, além do mais, havia alguma coisa relativa à raça. O sangue de meu pai e aquele de meu tio é o mesmo sangue. Meu sangue é o mesmo daquele de meu pai. A molécula paterna era dura e obtusa; e essa maldita primeira molécula deve ter assimilado todo o resto.

Eu – Gostas de teu filho?

Ele – Se o amo, esse pequeno selvagem! Sou louco por ele.

Eu – Será que não deverias te ocupar seriamente para interromper nele o efeito da maldita molécula paterna?

Ele – Trabalharia inutilmente, creio. Se estiver destinado a tornar-se um homem de bem, não vou prejudicá-lo.

Mas se a molécula quisesse que fosse um vagabundo como o pai, os esforços que eu tivesse envidado para fazer dele um homem honesto lhe seriam altamente prejudiciais; a educação, cruzando sem cessar a inclinação da molécula, faria com que ele fosse atraído por duas forças contrárias e andaria sempre cambaleante no caminho da vida, como uma infinidade deles que vejo igualmente tropeçando no bem e no mal; são os que chamamos de fracassados, o pior de todos os epítetos porque assinala a mediocridade e o último grau do desprezo.

Um grande patife é um grande patife, mas não é um fracassado. Antes que a molécula paterna tivesse retomado a dianteira e o levasse à perfeita abjeção, como a minha, precisaria de um tempo infinito: perderia seus mais belos anos.

No momento, nada faço. Deixo-o crescer. Examino-o. Já é glutão, astuto, trapaceiro, preguiçoso, mentiroso. Acho realmente que não vá desmentir a raça.

Eu – Farás dele um músico, para que nada falte à semelhança?

Ele – Um músico! Um músico! Às vezes olho para ele, rangendo os dentes e lhe digo: "Se algum dia souberes uma nota, acho que vou torcer teu pescoço."

Eu – E por que, por favor?

Ele – Porque não leva a nada.

Eu – Leva a tudo.

Ele – Sim, quando alguém se sobressai, mas quem pode garantir que seu filho vai se sobressair?

Pode-se apostar dez mil contra um só que não chegaria a ser um miserável arranhador de cordas como eu. Sabe que talvez seria mais fácil encontrar uma criança apropriada para governar um reino, fazer dela um grande rei do que um grande violinista?

Eu – Parece-me que os talentos agradáveis, mesmo medíocres, num povo sem moral, perdido na libertinagem e no luxo, levam rapidamente um homem no caminho do sucesso. Eu, que te falo, ouvi a seguinte conversa entre uma espécie de protetor e uma espécie de protegido.

Este havia sido encaminhado ao primeiro como um homem obsequioso que poderia servi-lo. "– Senhor, que sabe? – Sei razoavelmente matemática. – Pois bem, mostre a matemática; depois de se ter enlameado durante dez a doze anos pelas ruas de Paris, deve ter direito a trezentas ou quatrocentas libras de renda. – Estudei as leis e sou versado em Direito. – Se Puffendorf e Grotius[88] voltassem ao mundo, morreriam de fome junto de uma fronteira. – Conheço muito bem história e geografia. – Se houvesse pais que zelassem realmente pela educação dos filhos, sua fortuna estaria garantida; mas não há. – Sou bom músico. – Por que não me disse isso antes? E para lhe mostrar a vantagem que se pode tirar desse talento, tenho uma filha.

Vem todos os dias, das sete e meia às nove horas da noite; dará aulas à jovem e vou lhe pagar vinte e cinco luíses por ano. Você vai almoçar, jantar, tomar alguma coisa e ainda cear conosco. O resto do dia ficará à sua disposição e poderá fazer o que bem entender."

....
(88) Samuel Puffendorf (1632-1694), jurista alemão, escreveu *De Jure Naturae et Gentium* sobre Direito internacional; Hugo Grotius (1583-1645), jurista holandês, considerado o fundador do Direito Internacional, sobretudo por sua obra *De Jure Belli ac Pacis*.

Ele – E que aconteceu com esse homem?

Eu – Se tivesse sido sensato, teria feito fortuna, a única coisa, ao que parece, que tu tens em vista.

Ele – Sem dúvida. Ouro, ouro. O ouro é tudo; e o resto, sem ouro, não é nada. Por isso, em vez de lhe encher a cabeça com belas máximas que precisaria esquecer sob pena de tornar-se um mendigo, quando possuo uma moeda de ouro – o que não me ocorre com frequência – planto-me diante dele.

Tiro a moeda de meu bolso.

Mostro-a a ele com admiração. Levanto os olhos para o céu. Beijo a moeda diante dele.

E para dar-lhe a entender melhor ainda a importância da moeda sagrada, gaguejo e aponto com o dedo tudo o que se pode adquirir com ela, uma bela roupa, um belo chapéu, um bom biscoito. Em seguida ponho a moeda no bolso, vou passeando altivamente, levanto a aba de meu casaco, bato com a mão no bolso de meu colete e assim o levo a imaginar que é da moeda que ali está que brota a segurança que demonstro.

Eu – Nada poderia ser melhor. Mas se acontecesse que, profundamente compenetrado do valor da moeda, um dia...

Ele – Entendo. É preciso fechar os olhos. Não há princípio moral que não tenha seu inconveniente. No pior dos casos, será um mau quarto de hora e tudo está terminado.

Eu – Apesar dessa visão tão corajosa e tão sensata, persisto em acreditar que o melhor seria que se tornasse músico. Não conheço meio de se aproximar mais rapidamente dos grandes do que servir seus vícios e tirar proveito para os próprios.

Ele – É verdade, mas tenho projetos para um sucesso mais rápido e mais seguro. Ah! se fosse uma moça! Mas como não se faz o que se quer, deve-se agarrar o que vier e tirar disso o melhor partido; e por isso, não agir de maneira insensata, como a maioria dos pais que não poderia fazer nada de pior, ao pensar sobre a infelicidade de seus filhos, do que dar a educação de Lacedemônia a um filho destinado a viver em Paris.

Se é má, é culpa dos costumes de minha nação e não culpa minha. Que responda por isso quem quiser. Quero que meu filho seja feliz ou, o que dá no mesmo, que seja honrado, rico e poderoso. Conheço um pouco os caminhos mais fáceis para alcançar este objetivo e os ensinaria a eles no momento oportuno. Se vocês, sábios, me recriminam, a multidão e o sucesso me absolverão. Haverá ouro; sou eu que o digo. Se houver muito, nada lhe faltará, nem mesmo sua estima e seu respeito.

Eu – Poderias te enganar.

Ele – Ou será esquecido, como muitos outros.

Havia em tudo isso muitas coisas que geralmente pensamos, de acordo com as quais definimos nossa conduta, mas que não falamos. Na verdade, aí está a diferença mais marcante entre meu homem e a maioria de nossos vizinhos. Ele confessava os vícios que tinha e que os outros têm, mas não era hipócrita. Não era nem mais nem menos abominável que eles; era simplesmente mais franco, mais consequente e, às vezes, mais profundo em sua depravação. Eu estremecia ao pensar em que se transformaria seu filho com tal mestre. É certo que com ideias educacionais tão estritamente calcadas sobre nossos costumes, ele devia ir longe, a menos que fosse prematuramente detido pelo caminho.

Ele – Oh! – *me disse* – não fique receoso. O mais importante, o ponto difícil ao qual um bom pai deve sobretudo se apegar não é dar a seu filho vícios que o enriqueçam, coisas ridículas que o tornem estimado entre os grandes; todos fazem isso, se não sistematicamente como eu, pelo menos pelo exemplo e pelo ensinamento; o ponto crucial é ensinar-lhe a justa medida, a arte de esquivar-se da vergonha, da desonra e das leis; essas são as dissonâncias na harmonia social que é preciso saber situar, preparar e salvar. Nada mais sem graça que uma sequência de acordes perfeitos. É preciso algo que excite, que separe o feixe e que disperse os raios.

Eu – Muito bem. Com esta comparação me fazes voltar dos costumes à musica, da qual me havia afastado a contragosto e te agradeço por isso, pois, sem pretender ofender-te, prefiro o músico ao moralista.

Ele – Entretanto, sou realmente subalterno em música e bem superior em moral.

Eu – Duvido, mas mesmo que assim fosse, sou um homem correto e teus princípios não são os meus.

Ele – Tanto pior para você. Ah! se eu tivesse seus talentos!

Eu – Deixemos de lado meus talentos e voltemos aos teus.

Ele – Se soubesse me exprimir como você! Mas tenho um diabo de conversa extravagante, metade do estilo da gente da alta sociedade e das letras, metade da gente do mercado popular.

Eu – Eu falo mal. Só sei dizer a verdade e isso nem sempre é bom, como sabes.

Ele – Mas não é para dizer a verdade, pelo contrário, é para dizer muito bem a mentira que ambiciono seu talento. Se soubesse escrever, montar um livro, enfeitar com estilo uma carta dedicatória, embriagar totalmente um tolo com seu mérito, insinuar-me junto às mulheres.

Eu – E tudo isso, tu o sabes fazer mil vezes melhor que eu. Eu não seria digno sequer de ser teu aluno.

Ele – Quantas qualidades perdidas, cujo preço ignoras!

Eu – Colho tudo o que semeio.

Ele – Se fosse assim, você não usaria este sobretudo grosseiro, este casaco de estamenha, estas meias de lã, estes sapatos grossos e esta peruca antiquada.

Eu – Concordo. É preciso ser muito desajeitado quando não se é rico e se procura de tudo para sê-lo. Mas é que há gente como eu que não considera a riqueza como a coisa mais preciosa do mundo; gente extravagante.

Ele – Muito extravagante. Não se nasce com esse jeito de ser. É adquirido, pois não é próprio da natureza.

Eu – Do homem?

Ele – Do homem. Tudo o que vive, sem exceção, procura seu bem-estar às custas de quem o possuir e estou certo de que, se eu deixasse vir um pequeno selvagem qualquer, sem nada lhe dizer, ele gostaria de aparecer ricamente vestido, de ser esplendidamente nutrido, estimado pelos homens, amado pelas mulheres e reunir em si todas as alegrias da vida.

Eu – Se o pequeno selvagem estivesse abandonado a si mesmo, se conservasse toda a sua imbecilidade e unindo ao pouco de razão da criança de berço a violência das paixões do homem de trinta anos, torceria o pescoço de seu pai e dormiria com sua mãe.

Ele – Isso prova a necessidade de uma boa educação; e quem é que o contesta? E que é uma boa educação senão aquela que conduz a todos os tipos de desfrute, sem perigo e sem inconveniente?

Eu – Pouco importa que eu não seja da mesma opinião que a tua, mas vamos evitar entrar em explicações.

Ele – Por quê?

Eu – Porque receio que concordemos apenas na aparência e que, se entrarmos na discussão dos perigos e dos inconvenientes a evitar, não nos entenderemos mais.

Ele – E que diferença faz?

Eu – Deixemos isso de lado, é melhor. Não conseguiria ensinar-te o que sei a respeito e tu me ensinarias mais facilmente o que ignoro e que tu sabes sobre música.

Caro Rameau, vamos falar de música e conta-me por que não fizeste nada que preste com a facilidade que tens de sentir, de reter e de executar os mais belos trechos dos grandes mestres, com o entusiasmo que te inspiram e que sabes transmitir aos outros.

Em vez de me responder, começou a menear a cabeça e, levantando o dedo direito, falou:

– O astro! O astro! Quando a natureza fez Leo, Vinci[89], Pergolese, Duni, sorriu. Ela assumiu um ar imponente e grave ao fazer o caro tio Rameau, que será chamado durante uma dezena de

---

(89) Leonardo Leo (1694-1746) e Leonardo Vinci (1690-1732), dois músicos da escola napolitana.

anos "o grande Rameau" e logo ninguém mais falará dele. Quando ela modelou seu sobrinho, fez caretas, voltou a fazer caretas e continuou fazendo caretas.

Ao proferir essas palavras, fazia todo tipo de caretas de que era capaz: eram de desprezo, de desdém, de ironia; parecia modelar entre seus dedos um pedaço de massa, sorrindo com as formas ridículas que conseguia lhe conferir. Terminando, jogou fora o boneco de forma irregular e disse:

– Foi assim que ela me fez e me jogou ao lado de outros bonecos, uns de barriga proeminente e enrugada, de pescoço curto, olhos fora das órbitas, apopléticos; outros, de pescoço torto; havia outros secos, de olho vivo, nariz adunco: todos morreram de rir ao me ver e eu coloquei as mãos nos flancos e morria de rir ao vê-los, pois os tolos e os loucos se divertem uns com os outros; eles se procuram, se atraem. Se, ao chegar, não tivesse encontrado já feito e conhecido o provérbio que diz *"O dinheiro dos tolos é patrimônio dos sabidos"*, eu o teria inventado. Percebi que a natureza havia posto parte de minha herança na bolsa dos bonecos e passei a imaginar mil meios para recuperá-la.

Eu – Conheço esses meios. Já me falaste deles e os admirei realmente. Mas, com tantos recursos, por que não teria tentado uma bela obra?

Ele – Essa proposta é a mesma que um homem da alta sociedade fez ao padre Le Blanc...

O padre dizia: "A marquesa Pompadour me toma pelas mãos, me conduz até a soleira da Academia; então tira as mãos. Caio e quebro as duas pernas." O homem da alta sociedade lhe respondeu: "Ora, ora, padre, é preciso levantar e arrombar a porta com uma cabeçada." O padre retrucou: "Foi o que tentei. Sabe o que consegui com isso? Um galo na testa."

Depois desta historieta, meu homem começou a andar cabisbaixo, ar pensativo e abatido; suspirava, chorava, se desolava, erguia as mãos e os olhos, esmurrava a cabeça com os punhos, quase quebrando a testa ou os dedos, e acrescentava:

— Parece, no entanto, que há alguma coisa aí dentro, mas é inútil bater, sacudir, não sai nada.

Depois recomeçava a sacudir a cabeça, bater na testa com mais força, e dizia:

— Ou não há ninguém, ou não querem responder.

Logo a seguir, retomava seu ar altivo, levantava a cabeça, punha a mão no coração, caminhava e dizia:

— Sinto, sim, sinto.

Imitava o homem que se irrita, que se indigna, que se enternece, que manda, que suplica e pronunciava de improviso discursos de cólera, de comiseração, de ódio, de amor; esboçava os caracteres passionais com uma fineza e uma verdade surpreendentes. Depois acrescentava:

— É isso, creio. Eis que vem; isto é realmente encontrar um parteiro que sabe irritar, precipitar as dores e fazer a criança sair. Só, apanho a penha e decido escrever. Roo as unhas, esfrego a testa. Teu servidor. Até logo. O deus está ausente; pensei que tivesse gênio; no final da linha, leio que sou um tolo, um tolo, um tolo. Mas trata-se de sentir, de se elevar, de descrever com vivacidade, frequentando essa gente que é preciso ver para viver, no meio das fofocas que são difundidas e daquelas que são ouvidas, nesse meio de bisbilhotices: "Hoje o bulevar estava encantador. Ouviram a pequena Marmota? Representa de modo extasiante. Fulano de tal tinha a mais bela parelha de cavalos malhados que se possa imaginar. A bela senhora começa a ficar passada. Tem cabimento usar um penteado desses aos quarenta e cinco anos? Essa tal jovem está coberta de diamantes que não lhe custam nada. – Quer dizer que lhe custam caro? – Não! – Onde a viu? – Em *O filho de Arlequim perdido e reencontrado*[90]. A cena do desespero foi representada como

---

[90] Comédia de Carlo Goldoni (1707-1793), italiano, escrita em 1761; o sucesso da peça em Paris o levou a transferir-se para a capital francesa, onde permaneceu até o fim da vida.

nunca. O Polichinelo da Feira tem goela, mas nenhuma fineza, nenhum sentimento. A senhora fulana deu à luz gêmeos. Cada pai ficará com o seu." Acredita que essas coisas ditas, reditas e ouvidas todos os dias impressionam e conduzem a grandes coisas?

Eu – Não. Seria preferível trancar-se no próprio sótão, beber água, comer pão seco e procurar-se a si mesmo.

Ele – Talvez, mas não tenho coragem; e depois, sacrificar a felicidade por um sucesso incerto? E o nome que carrego? Rameau! Chamar-se Rameau é incômodo. Os talentos não se transmitem como a nobreza e cuja celebridade aumenta ao passar do avô ao pai, do pai ao filho, do filho ao neto, sem que o antepassado outorgue qualquer mérito a seu descendente.

O velho tronco se ramifica num enorme caule de tolos, mas que importa? Com o talento a coisa é diferente. Para herdar o renome do pai é preciso ser mais hábil do que ele. É preciso ter herdado sua fibra. Não a herdei, mas o punho retomou a destreza; o arco desliza e a panela está cheia. Se não é a glória, pelo menos é uma boa sopa.

Eu – Em teu lugar não acharia que é fato consumado; tentaria.

Ele – E acha que não tentei? Não tinha quinze anos, quando eu disse pela primeira vez: "Que há contigo Rameau? Sonhas. E com quê? Que gostarias de Ter feito ou fazer alguma coisa que provocasse a admiração do universo. Pois bem, basta soprar e agitar os dedos. Falar é fácil, mas fazer são outros quinhentos! Anos mais tarde, repeti a proposta de minha infância. Hoje ainda a repito, mas continuo em torno da estátua de Mêmnon."

Eu – Que queres dizer com tua estátua de Mêmnon?

Ele – É evidente, me parece. Em torno da estátua de Mêmnon havia uma infinidade de outras igualmente banhadas pelos raios do sol, mas somente a dele ressoava[91]. Um poeta? Voltaire. E quem mais? Voltaire. E o terceiro? Voltaire. E o quarto? Voltaire.

---

[91] Mêmnon era filho da Aurora. Sua estátua em Tebas, no Egito, tinha fama de emitir sons harmoniosos ao nascer do sol.

Um músico? Rinaldo de Cápua⁽⁹²⁾, Hasse, Pergolese, Alberti, Tartini, Locatelli, Terradoglias, meu tio, o pequeno Duni que não tem afetação nem aparência, mas que tem sensibilidade, com os diabos, que sabe de canto e lhe confere expressão. O resto, em torno desse pequeno número de Mêmnons, tantos outros pares de orelhas grudadas na ponta de um bastão. Por isso somos mendigos, tão mendigos que chega a ser uma bênção. Ah, senhor filósofo, a miséria é uma coisa terrível. Vejo-a acocorada, de boca escancarada para receber algumas gotas da água gelada que escapam do tonel das Danaidas. Não sei se aguça o espírito do filósofo, mas esfria terrivelmente a cabeça do poeta. Ninguém canta bem debaixo desse tonel. E ainda assim, feliz daquele que pode ficar embaixo dele. Eu estava, mas não soube aguentar mais ali. Já tinha feito essa besteira uma vez. Viajei pela Boêmia, pela Alemanha, Suíça, Holanda, Flandres, por mundos e fundos.

Eu – Debaixo do tonel furado?

Ele – Sob o tonel furado. Havia um judeu opulento e dissipador que gostava de música e de minhas loucuras. Eu compunha músicas como Deus manda; bancava o louco; nada me faltava. Meu judeu era um homem que conhecia sua lei e que a observava com rigidez total, às vezes com o amigo, sempre com o estranho.

Fez um mau negócio e devo contá-lo porque é bem divertido. Havia em Utrecht uma prostituta encantadora. Foi tentado pela cristã. Enviou-lhe um mensageiro com uma letra de câmbio de razoável valor. A esquisita criatura recusou a oferta. O judeu entrou em desespero. O mensageiro lhe disse: "Por que te afliges?

Queres dormir com uma bela mulher? Nada mais fácil. Podes até dormir com uma mais bonita que aquela que persegues. É a minha, que a cedo a ti pelo mesmo preço." Dito e feito. O mensageiro guarda a letra de câmbio e o judeu dorme com a mulher deste.

---
(92) Rinaldo da Capua (1717-1763), outro dos muitos compositores italianos de sucesso em Paris.

O vencimento da letra chega. O judeu deixa que seja protestada e declara que é falsa. Processo. O judeu dizia: "Jamais esse homem ousará dizer a que título possui minha letra e não vou pagá-la." Na audiência, ele próprio interpela o mensageiro: "De quem obtiveste esta letra de câmbio? – De ti. – Foi por dinheiro emprestado? – Não. – Por mercadoria fornecida? – Não. – Por serviços prestados? – Não. Mas não se trata disso.

Sou o possuidor da letra. Tu a assinaste e vais quitá-la. – Não a assinei. – Estás dizendo que sou um falsário? – Tu ou um outro de quem és o agente. – Posso ser um frouxo, mas tu és um patife. Cuidado, não me leves até o fim. Vou dizer tudo. Vou ficar desonrado, mas tu estarás perdido." O judeu não deu importância à ameaça, mas o mensageiro revelou tudo na sessão seguinte.

Os dois foram repreendidos publicamente; o judeu foi condenado a pagar a letra de câmbio e o dinheiro foi destinado para a assistência aos pobres. Então me separei dele e voltei para cá. Que fazer? Era preciso fazer alguma coisa ou morrer na miséria. Projetos de todo tipo passaram por minha cabeça.

Um dia, iria partir imediatamente junto com uma companhia do interior, igualmente ruim para o teatro como para a orquestra; no dia seguinte, sonhava em mandar pintar um desses cartazes que são afixados numa estaca nas encruzilhadas, onde gritaria a plenos pulmões: "Aí está a cidade onde nasceu; aí está ele se despedindo do pai boticário; aí está chegando à capital à procura da casa de seu tio; aí está de joelhos diante do tio que o expulsa; aí está com um judeu, etc., etc." No outro dia, levantava-me decidido a me associar aos cantores de rua; não seria o pior a fazer; iríamos cantar serenatas sob as janelas da casa do caro tio que haveria de morrer de raiva. Optei por outra coisa.

Então parou, passando sucessivamente da atitude de um homem que segura um violino, apertando as cordas com os braços, àquela de um pobre diabo extenuado de fadiga, sem forças, pernas bambas, prestes a expirar, se não lhe jogarem um pedaço de pão.

Demonstrava sua extrema necessidade com um gesto do dedo voltado para sua boca entreaberta. Depois acrescentou:
— É evidente. Jogavam-me restos. Éramos três ou quatro famintos que os disputavam; e depois pensar de modo grandioso, pensar em fazer grandes coisas no meio de tanta penúria."

Eu — Isso é realmente difícil.

Ele — De tombo em tombo vim parar aqui. Levava uma vida agradável e folgada. Mas saí. De agora em diante vou ter que me virar e tornar ao gesto do dedo em direção da boca aberta. Nada é estável neste mundo. Hoje, no topo; amanhã embaixo da roda. Malditas circunstâncias é que nos levam e nos levam muito mal.

Depois, tomando um trago que ainda sobrava no fundo da garrafa, se dirige ao vizinho:
— Senhor, por favor, uma pitadinha. Tens aí uma bela caixinha? Não és músico?
— Não.
— Tanto melhor para ti, pois são uns pobres coitados a realmente lamentar. O destino quis que eu o fosse, enquanto há talvez em Montmartre, num moinho, um moleiro, um criado de moleiro que só ouve o ruído das mós e que poderia ter descoberto as mais belas canções. Rameau, no moinho? Para o moinho, é lá teu lugar!

Eu — Qualquer que seja a ocupação do homem, a natureza o destinou a ela.

Ele — Mas comete estranhos equívocos. Quanto a mim, não olho dessas alturas onde tudo se confunde, o homem que poda uma árvore com tesoura, a lagarta que rói a folha e de onde se pode ver apenas dois insetos diferentes, cada um cumprindo seu dever. Empoleire-se no epiciclo de Mercúrio e de lá distribua, se lhe convier, imitando Réaumur que distribuiu a classe das moscas em costureiras, agrimensoras, ceifeiras, e você poderá distribuir a espécie dos homens em marceneiros, carpinteiros, dançarinos, cantores, é seu ofício. Não me intrometo. Estou neste mundo e aqui fico. Mas, se está na natureza ter apetite, pois é sempre ao apetite que retorno, à sensação que está sempre presente em mim, acho que não é certo não ter sempre o que comer.

Que diabo de economia, homens que regurgitam de tudo, enquanto outros, que têm um estômago importuno como eles, uma fome que renasce como eles, não têm o que pôr entre os dentes. O pior é a postura constrangedora a que a necessidade nos submete. O homem necessitado não caminha como um outro; ele salta, se arrasta, se contorce, rasteja; passa a vida a tomar e a executar posições.

Eu – Que são posições?

Ele – Pergunte a Noverre[93]. O mundo oferece muito mais do que sua arte possa talvez imitar.

Eu – Aí estás tu também, para me servir de tua expressão ou daquela de Montaigne, "empoleirado no epiciclo de Mercúrio", tecendo considerações sobre as pantomimas da espécie humana.

Ele – Não, não. Sou muito pesado para me elevar tão alto. Deixo para as prostitutas ficar expostas no nevoeiro. Prefiro sentir bem onde piso. Olho à minha volta e tomo minhas posições ou me divirto com as posições que os outros tomam. Sou excelente em pantomima, como poderá julgar.

Então começa a rir, a imitar o admirador, o suplicante, o complacente. Conserva o pé direito mais à frente, o esquerdo para trás, as costas curvadas, a cabeça erguida, o olhar como se estivo fixo em outros olhos, a boca entreaberta, os braços estendidos para algum objeto; espera uma ordem, e a recebe; parte como um raio; volta, executou, presta contas. Está atento a tudo; recolhe o que cai; coloca um travesseiro ou um tamborete sob os pés; segura um pires, aproxima uma cadeira, abre uma porta; fecha uma janela, puxa as cortinas, observa o patrão e a patroa; fica imóvel, braços pendentes, pernas paralelas; escuta; procura ler nos rostos e acrescenta:

....
(93) Dançarino e professor de balé na Ópera-cômica.

— Aí está minha pantomima, mais ou menos a mesma dos bajuladores, dos cortesãos, dos criados e dos mendigos.

As loucuras desse homem, os contos do padre Galiani[94], as extravagâncias de Rabelais, me fizeram às vezes meditar profundamente.

São três lojas onde pude prover-me de máscaras ridículas que coloco no rosto das personagens mais graves; vejo Pantalone[95] num prelado, um sátiro num presidente, um leitão num cenobita, uma avestruz num ministro, uma gansa em seu primeiro oficial.

Eu — Mas por tua conta há muitos tratantes neste mundo e não conheço ninguém que saiba alguns passos de tua dança.

Ele — Tem razão. Em todo um reino só há um homem que anda. É o soberano. O resto só faz posições.

Eu — O soberano? Há ainda alguma coisa a dizer? Acreditas que não se encontra, de vez em quando, ao lado dele um pezinho, uma trancinha, um narizinho que não o levem a fazer um pouco de pantomima? Todo aquele que precisa de outro é indigente e faz uma posição. O rei faz posições diante de sua amante e diante de Deus; dá seu passo de pantomima.

O ministro dança o passo como cortesão, como bajulador, como criado ou patife diante do rei. A multidão dos ambiciosos dança tuas posições diante do ministro de mil modos, um mais vil que o outro.

O padre de certa posição, vestindo peitilho branco e manto longo, pelo menos uma vez por semana, diante do depositário da folha dos benefícios. Palavra de honra, o que chamas de pantomima dos tratantes é a grande dança da terra. Cada um tem sua pequena Hus e seu Bertin.

Ele — Isso me consola.

....

(94) Ferdinando Galiani (1728-1787), padre e economista italiano, amigo dos enciclopedistas e crítico dos fisiocratas.

(95) Personagem da comédia italiana, um velho médico caprichoso, libidinoso e avarento.

Mas enquanto eu falava, ele imitava morrendo de rir as posições das personagens que eu citava; por exemplo, para o pequeno padre, punha o chapéu debaixo do braço e com a mão esquerda segura o breviário; com a direita, levantava a cauda de seu manto; avançava um pouco a cabeça um tanto reclinada sobre o ombro, olhos baixos, imitando tão perfeitamente o hipócrita, que acreditei ver o autor das Refutações[96] *diante do bispo de Orléans.*

Para os bajuladores e ambiciosos, ele rastejava pelo chão. Era Bouret diante do tesoureiro geral[97].

Eu – Isto é soberanamente executado. Mas há, contudo, um ser que não precisa de pantomima. É o filósofo que nada tem e nada pede.

Ele – E onde está esse animal? Se nada tem, sofre; se nada pede, nada vai obter e sofrerá sempre.

Eu – Não, Diógenes zombava das necessidades.

Ele – Mas é preciso estar vestido.

Eu – Não. Andava completamente nu.

Ele – Às vezes fazia frio em Atenas.

Eu – Menos que aqui.

Ele – Lá se comia também.

Eu – Sem dúvida.

Ele – Às custas de quem?

Eu – Da natureza. A quem se dirige o selvagem? À terra, aos animais, aos peixes, às árvores, às ervas, às raízes, aos riachos.

Ele – Mesa ruim.

Eu – Mas grande.

Ele – Mas mal servida.

Eu – Entretanto, é dela que se tira para servir as nossas.

Ele – Mas deve convir que a habilidade de nossos cozinheiros, padeiros, assadores de carnes, quituteiros, confeiteiros põe um

---

(96) O padre Gauchat (1709-1774), amplamente recompensado por ter combatido com sua obra de 19 volumes, *Analyse et Réfutation*, os filósofos inimigos da religião.

(97) Bouret, à beira da falência, se humilha perante o tesoureiro real, pedindo auxílio.

pouco de seu. Com a dieta austera de seu Diógenes, não deveria ter órgãos muito indóceis.

Eu – Tu te enganas. O hábito do cínico era outrora nosso hábito monástico com a mesma virtude. Os cínicos eram os carmelitas e os franciscanos de Atenas.

Ele – Agora o peguei. Diógenes também dançou a pantomima, se não diante de Péricles, pelo menos diante de Laís ou de Frineia.

Eu – Estás novamente enganado. Os outros compravam caro a meretriz que se entregava a ele para o prazer.

Ele – Se porventura a meretriz estivesse ocupada e o cínico em apuros?

Eu – Voltava a entrar em seu barril e passava sem ela.

Ele – E você me aconselha imitá-lo?

Eu – Quero morrer se isso não for preferível a rastejar, a aviltar-se e a se prostituir.

Ele – Mas preciso de uma boa cama, de uma boa mesa, de roupa quente no inverno, de roupa fresca no verão, de repouso, dinheiro e muitas outras coisas que prefiro dever à benevolência do que adquirir tudo isso com trabalho.

Eu – É que és um preguiçoso, um glutão, um covarde, uma alma de barro.

Ele – Acredito que eu mesmo disse isso a você.

Eu – As coisas da vida têm, sem dúvida, um preço, mas tu ignoras o do sacrifício que fazes para consegui-las. Danças, já dançaste e continuarás a dançar a vil pantomima.

Ele – É verdade. Mas me custou pouco e já não me custa mais nada. Por essa razão, faria mal se assumisse outro jeito que haveria de me entristecer e que não poderia conservar. Mas, por aquilo que você acaba de me dizer, vejo que minha pobre mulherzinha era uma espécie de filósofa. Tinha a coragem de um leão.

Às vezes faltava-nos pão e não tínhamos dinheiro algum. Tínhamos vendido quase todos os nossos trapos. Ficava jogado nos pés da cama e quebrava a cabeça tentando descobrir alguém que me emprestasse um escudo que certamente não haveria de devolver. Ela, alegre como um passarinho, punha-se ao cravo, cantava e caprichava no acompanhamento musical. Tinha uma goela de rouxinol.

Lamento que não a tenha ouvido. Quando eu participava de algum concerto, levava-a comigo. Pelo caminho dizia-lhe: "Vamos, senhora, faça-se admirar; exiba seu talento e seus encantos. Impressione, surpreenda." Chegávamos. Ela cantava, impressionava e surpreendia. Ai de mim, perdi-a, pobrezinha. Além de seu talento, tinha uma boca encantadora; os dentes, uma fileira de pérolas; tinha uns olhos, uns pés, uma pele, bochechas, seios, pernas de cervo, coxas e nádegas a serem esculpidos. Cedo ou tarde, teria pelo menos o chefe das finanças. Tinha um andar, um traseiro! Oh Deus, que bunda!

Depois, ei-lo que se põe a imitar o andar de sua mulher, com passos pequenos, com a cabeça ao vento; brincava com o leque, requebrava o traseiro; era a caricatura mais divertida e ridícula de nossas mulheres provocantes. Depois, retomando a sequência de seu discurso, acrescentava:

– Eu a levava a todos os lugares: Tuileries, Palais-Royal, bulevares. Era impossível que ficasse comigo. Quando, pela manhã, atravessava a rua, sem peruca e de bata curta, teria parado para vê-la e poderia abraçá-la com quatro dedos sem apertá-la.

Aqueles que a seguiam, que a apreciavam trotando com seus pezinhos, mediam esse grande traseiro, cujas formas eram desenhadas pela saia leve, e apressavam o passo. Ela os deixava chegar perto, depois se voltava de repente com seus grandes olhos negros e brilhantes, que os detinham imediatamente. É que o anverso da medalha não destoava do reverso. Mas ai de mim, perdi-a!

E minhas esperanças de fortuna se esvaíram com ela. Eu a havia tomado para isso, lhe havia confiado meus projetos, mas ela era muito perspicaz para perceber sua real possibilidade de sucesso e muito ajuizada para não aprová-los.

Começa a soluçar e a chorar, dizendo:
— Não, não, nunca me consolarei. Desde então, tomei o hábito talar e o solidéu[98].

Eu — De dor?

Ele — Se quiser. Mas, na verdade, para ter minha tigela sobre a cabeça... Mas, por favor, veja que horas são, pois preciso ir à ópera.

Eu — O que está em cartaz?

Ele — Dauvergne[99]. Há belas coisas em sua música; pena que não tenha sido o primeiro a dizê-las. Entre os mortos, sempre há alguns que deixam os vivos desolados. Que quer? *Quisque suos patimur manes*[100].

Mas já são cinco e meia. Ouço o sino que toca as vésperas do padre Canaye[101] e as minhas. Adeus, senhor filósofo. Não é verdade que sou sempre o mesmo?

Eu — Oh! sim, desgraçadamente.

Ele — Que essa desgraça dure ainda para mim somente uns quarenta anos. Ri melhor quem ri por último.

---

(98) Quando jovem, Rameau havia recebido as ordens menores do sacerdócio católico.

(99) Dauvergne (1713-1797), compositor de óperas.

(100) Verso do poeta latino Publius Vergilius Maro (71-19 a.C.), *Eneida* VI, 753, que significa "Cada um de nós suporta seus mortos".

(101) Amigo de Diderot, grande apreciador da Ópera, que preferia às vésperas de sua igreja. Às cinco horas e meia um sino anunciava o espetáculo que começava às seis horas, hora das vésperas.

Coleção Grandes Obras do Pensamento Universal

Assim Falava Zaratustra
Nietzsche - Ed. 01

As Paixões da Alma
Descartes - Ed. 06

Monarquia
Dante Alighieri - Ed. 11

A Política
Aristóteles - Ed. 16

A Origem da Família, da Propriedade Privada e do Estado
Engels - Ed. 02

A Origem da Desigualdade Entre os Homens
Rosseau - Ed. 07

O Príncipe
Maquiavel - Ed. 12

Cândido ou o Otimismo
Voltaire - Ed. 17

Elogio da Loucura
Erasmo - Ed. 03

A Arte da Guerra
Maquiavel - Ed. 08

O Contrato Social
Rosseau - Ed. 13

Reorganizar a Sociedade
Comte - Ed. 18

A República (Tomo I)
Platão - Ed. 04

Utopia
Thomas More - Ed. 09

Banquete
Dante Alighieri - Ed. 14

A Perfeita Mulher Casada
Luis de Léon - Ed. 19

A República (Tomo II)
Platão - Ed. 05

Discurso do Método
Descartes - Ed. 10

A Religião nos Limites da Simples Razão
Kant - Ed. 15

A Genealogia da Moral
Nietzsche - Ed. 20

Coleção Grandes Obras do Pensamento Universal

Reflexões Sobre a Vaidade dos Homens
Mathias Aires - Ed. 21

A Dignidade do Homem
Pico Della Miràndola - Ed. 26

Além do Bem e do Mal
Nietzsche - Ed. 31

Solilóquios
Santo Agostinho - Ed. 36

De Pueris (Dos Meninos)
Erasmo - Ed. 22

Os Sonhos
Quevedo - Ed. 27

A Princesa da Babilônia
Voltaire - Ed. 32

O Livro do Amigo e do Amado
Lúlio - Ed. 37

Caracteres
La Bruyère - Ed. 23

Crepúsculo dos Ídolos
Nietzsche - Ed. 28

A Origem das Espécies (Tomo I)
Darwin - Ed. 33

Fábulas
Fedro - Ed. 38

Tratado Sobre a Tolerância
Voltaire - Ed. 24

Zadig
Voltaire - Ed. 29

A Origem das Espécies (Tomo II)
Darwin - Ed. 34

A Sujeição das Mulheres
Stuart Mill - Ed. 39

Investigação Sobre o Entendimento Humano
Hume - Ed. 25

Discurso Sobre o Espírito Positivo
Comte - Ed. 30

A Origem das Espécies (Tomo III)
Darwin - Ed. 35

O Sobrinho de Rameau
Diderot - Ed. 40

Coleção Grandes Obras do Pensamento Universal

O Diabo Coxo
Guevara - Ed. 41

Cartas Persas (Tomo I)
Montesquieu - Ed. 46

A Hora de Todos
Quevedo - Ed. 51

O Governo Representativo
Stuart Mill - Ed. 56

Humano, Demasiado Humano
Nietzsche - Ed. 42

Cartas Persas (Tomo II)
Montesquieu - Ed. 47

O Anticristo
Nietzsche - Ed. 52

Ecce Homo
Nietzsche - Ed. 57

A Vida Feliz
Sêneca - Ed. 43

Princípios do Conhecimento Humano
Berkeley - Ed. 48

A Tranquilidade da Alma
Sêneca - Ed. 53

Cartas Filosóficas
Voltaire - Ed. 58

Esaio Sobre a Liberdade
Stuart Mill - Ed. 44

O Ateu e o sábio
Voltaire - Ed. 49

Paradoxo Sobre o Comediante
Diderot - Ed. 54

Cartas Sobre os Cegos
Diderot - Ed. 59

A Gaia Ciência
Nietzsche - Ed. 45

O Livro das Bestas
Lúlio - Ed. 50

O Conde Lucanor
Don Juan Manuel - Ed. 55

A Amizade
Cícero - Ed. 60

Coleção Grandes Obras do Pensamento Universal

Do Espírito Geométrico
Pascal - Ed. 61

Aurora
Nietzsche - Ed. 66

Manifesto do Partido Comunista
Marx e Engels - Ed. 71

O Livro do Filósofo
Nietzsche - Ed. 76

Crítica da Razão Prática
Kant - Ed. 62

Belfagor, O Arquidiabo
Maquiavel - Ed. 67

A Constância do Sábio
Sêneca - Ed. 72

A Miséria da Filosofia
Marx - Ed. 77

A Velhice Saudável
Cícero - Ed. 63

O Livro dos Mil Provérbios
Lúlio - Ed. 68

O Nascimento da Tragédia
Nietzsche - Ed. 73

Soluções Positivas da Política Brasileira
Pereira Barreto - Ed. 78

Dos Três Elementos
López Medel - Ed. 64

Máximas e Reflexões
La Rochefoucauld - Ed. 69

O Bisbilhoteiro
Quevedo - Ed. 74

A Filosofia da Miséria (Tomo I)
Proudhon - Ed. 79

Tratado da Reforma do Entendimento
Spinoza - Ed. 65

Utilitarismo
Stuart Mill - Ed. 70

O Homem dos Quarenta Escudos
Voltaire - Ed. 75

A Filosofia da Miséria (Tomo II)
Proudhon - Ed. 80

Coleção Grandes Obras do Pensamento Universal

A Brevidade da Vida
Sêneca - Ed. 81

O Caso Wagner
Nietzsche - Ed. 86

Os Deveres (Tomos II e III)
Cícero - Ed. 91

Félix (Parte II)
Lúlio - Ed. 96

O Viajante e sua Sombra
Nietzsche - Ed. 82

A Clemência
Sêneca - Ed. 87

A Filosofia na Época Trágica dos Gregos
Nietzsche - Ed. 92

A Liberdade do Cristão
Lutero - Ed. 83

Da Uitilidade e do Inconveniente da História para a vida
Nietzsche - Ed. 88

A Cidade do Sol
Campanella - Ed. 93

Miscelânea de Opiniões e Sentenças
Nietzsche - Ed. 84

Os Deveres (Tomo I)
Cícero - Ed. 89

David Strauss Sectário e Escritor
Nietzsche - Ed. 94

A crítica Kantiana do Conhecimento
Leonardo Polo - Ed. 85

Schopenhauer Educador
Nietzche - Ed. 90

Félix (Parte I)
Lúlio - Ed. 95

Impressão e Acabamento:
Oceano Indústria Gráfica Ltda.